扉を開けて

ひきこもり、その声が聞こえますか

共同通信ひきこもり取材班

かもがわ出版

はじめに

ひきこもりという言葉が国の審議会などに登場し始めたのは、時代が昭和から平成に替わる１９８０年代の終わりのことだ。当時は不登校や無気力な若者の増加が、社会問題として取り上げられた。

あれから30年。平成が終わりを告げようとしていた矢先の２０１９年3月に、内閣府がある調査結果を公表した。

中高年のひきこもり61万３０００人。

人数の多さもさることながら、同種調査の若年層（15～39歳）を上回り、ひきこもりがもはや若者特有の問題ではないことが公的なデータによって初めて裏付けられた点に、大きな注目が集まった。

実は、その兆候は早くから関係者の間でささやかれていた。全国に支部を持つ家族会の独自調査で、参加する親や本人の年齢が年々上がり続けていたからだ。途中から会に来なくなってしまった人たちまで含めれば、さらに年齢は上がる。

この国で一体、何が起きているのか――。共同通信は取材班を結成し、現場を歩こうと決めた。この本は、そのルポルタージュである。

ひきこもりの長期化、高年齢化が進んだと考えられる平成の約30年間に、世の中ではさまざまな変化があった。

バブル経済が崩壊し、高校や大学を卒業しても、思うような職に就けない就職氷河期が到来。派遣やパートなどの非正規労働が増え、かつては当たり前だった企業の新卒一括採用、終身雇用が大きく揺らいだ。

全国の国公私立小中高、特別支援学校が18年度に認知したいじめは前年度より約13万件増え、約54万4000件で過去最多を更新。厚生労働省の労働局に寄せられたパワハラを含む「いじめ・嫌がらせ」の相談は、02年度の約7000件から17年度には約7万2000件と10倍以上になった。

少子高齢化とともに、「非婚・晩婚」の流れも加速した。50歳時の未婚割合は、1980年に男性2・6%、女性4・5%だったのが、2020年には男性が26・7%、女性が17・5%にまで急増すると推計されている。高齢の親と40代、50代の子どもが同居する家庭は珍しくなくなった。

その一方で、地域社会のつながりは薄れ、高齢の親が病気になったり、介護が必要になったりした場合に、周囲に気付かれないまま親子の生活が立ちゆかなくなり、困窮の末に発見されるケースも目に付くようになった。

ひきこもりは「時代を映す鏡」だと言われる。ひきこもりを生み出す背景を探ることは、すなわち、私たちが生きる社会のひずみを浮かび上がらせることに他ならない。

それどころか、私たちはいつ、どのような状況で、ひきこもり状態になるか分からないのである。だからこそ誰もが自分事として考えていかなければならない。

ひきこもりという言葉には何とも言えないネガティブな響きがある。カーテンを閉め切った部屋で、誰とも口をきかず、昼夜逆転の生活……。そうしたステレオタイプのイメージを抱く人も多い。だが本当にそうなのだろうか。

国の調査などの数字に表れない実相を探るため、取材班は「本人に必ず会いに行く。会えなくても、せめて扉の前までは行こう」と決めた。実際に会うのはなかなか難しいだろう。何せひきこもっているのだから。それでも彼ら／彼女らの「声なき声」に耳を傾け、当事者の目線で社会のあり方や支援の形を模索したいと思った。

記事は共同通信が17年5月～18年5月の1年間にわたり、連載企画「扉を開けて～ルポひきこもり」として計6部（全50回）を配信。さらに川崎市の児童ら殺傷事件、東京都練馬区の元農林水産事務次官による長男刺殺事件を受けて、19年7月に続編を配信し、全国の20を超える新聞社に掲載（一部掲載を含む）された。

本書は配信記事をベースに最新事情を加筆したものである。ひきこもりを巡るさまざまなテーマを網羅しており、読者の皆さんがこの問題を考える一助になれば幸いである。

共同通信ひきこもり取材班

本文中、カッコ内の数字は年齢です。
年齢や肩書などはすべて取材当時のものです。
敬称は省略しました。
写真はすべて共同通信社提供。

扉を開けて

ひきこもり、その声が聞こえますか——目次

装丁・ブックデザイン　佐久間文雄

■第1章■

川崎・練馬事件と8050問題

テレビ番組で「1人で死ねよ」

2019年6月、東京都練馬区で元農林水産事務次官の男(76)が長男(44)を刺殺したとして逮捕・起訴された。農園が点在し、古くからの家屋と真新しい二世帯住宅が混然と立ち並ぶ住宅地。ひきこもりがちで家庭内暴力があったという長男は、都内の別の場所で1人暮らしをしていたが、1週間前に実家に戻っていた。周囲には〝異変〟の兆候すら気付かれなかった。現地に長年暮らしているという女性は「この辺りの家庭は大体知っているが、この家だけは別。息子さんがいるとは全く知らなかった。もう少しご近所付き合いをしていれば、こんなことにはならなかったのでは」と悔いるようにつぶやいた。

その4日前、川崎市多摩区ではスクールバスを待っていた私立カリタス小学校の児童らが刃物を持った男(51)に襲われ、2人が死亡、18人が重軽傷を負った。男は直後に自殺したが、長期にわたりひきこもり傾向で、親族が市に相談していた。テレビ番組ではキャスターやコメンテーターが「1人で命を絶てば済む」「1人で死ねよと言いたくなる」と相次いで発言し、インターネット上でも同様の投稿があふれた。

練馬の事件では、長男が隣接する小学校で開かれていた運動会の音に立腹し、「うるせ

農園が点在する住宅地に立つ元農林水産事務次官の男の自宅（2019年6月下旬、東京都練馬区）

えな、ぶっ殺してやるぞ」と言ったことが犯行の引き金になったとされる。「（多数の児童が殺傷された）川崎の事件のことを知り、息子も人に危害を加えるかもしれないと思った」「周囲に迷惑を掛けるといけない」。元農水次官の供述が明らかになるにつれ、わき上がったのは「父親を責められない」「よくやった」と犯行を擁護、称賛までする声だった。

〝出口〟を模索する親たち

2つの事件後、ひきこもり当事者の訪問支援などを展開する一般社団法人トカネット（東京）が東京都葛飾区内で開いた会合には、40代以上の子を持つ親5人が集まった。

「ひきこもっていただけなのに、親が手を掛けるなんて。すごく腹が立つ。死んでしまった子は一体どうなるのか」。高校1年の時にいじめを機にひきこもり、40歳を過ぎた長男を持つ60代後半の母親は、練馬の事件について戸惑いと憤りで声を震わせた。

事件の新聞記事を持参した70代後半の父親は「ぎりぎりの状態だったんだろう」と言葉を選びながら語った。殺された長男と同じ40代半ばの息子がいる。「いろんな人脈があり電話一本でつながれたはず。（エリート官僚という）立場ゆえに隠してきたのか」「誰かに助けを求めていたら、事件は起きなかったのでは」「ただ誰しも外では言いにくいことがある」。元農水次官を自らに重ねる姿は、親たちの長年の孤立を物語る。

「寝ているうちにおやじを殺せばよかった」「親が死んで生活に困ったら、自分も死ねばいい」とわが子が不意に放つ言葉に、膠着《こうちゃく》状態からの〝出口〟を模索する親たちは心がかき乱されそうになることがある。

どの親も子どもをなるべく刺激しないようにするため、一連の事件について話したことはない。「どう思うか、なんて聞いたら、ひきこもりの事件だと言うようなものじゃないか」「テレビのニュースが息子に聞こえていたかもしれない。チャンネルを変えると不自然に思われる。やり過ごすしかなかった」

代表理事の藤原宏美は「行政の支援がほとんどない中で、周囲の偏見もあり、親は問題を抱え込まざるを得ない状況」と説明する。トカネットは以前から家族の会を開いていたが、中高年のひきこもりの子どもがいる親向けの会も別途開催している。事件を受け「状況を改善したい」と焦りを募らせる親が増えている。

恥の意識は人の心を殺す

2つの事件は親たちだけでなく、ひきこもりの当事者や経験者にも大きな衝撃を与えた。雑誌「HIKIPOS（ひきポス）」編集長の石崎森人（36）は川崎の事件後、グループチャットに投稿された1枚の写真に目を留めた。そこには友人が撮ったテレビのニュース画面が写っていた。

〈児童ら殺傷、男は「ひきこもり傾向」〉

「社会に対する恨みが感じられた。うまく生きられていない人なんだろうな」。うっすらとした予感はあったが、いても立ってもいられずウェブに書き込んだ。

〈報道で世間がひきこもっている方たちへ無差別殺人犯予備軍のようなイメージを持てば、まさに偏見の誕生である〉

ひきこもりは2000年に起きた新潟の少女監禁事件、西鉄バスジャック事件などでも犯罪とともにクローズアップされ、同じことが繰り返されるのではないかという危機感があった。

石崎の文章は他の当事者団体や家族会の声明文とともにメディアに大きく取り上げられた。断続的にひきこもっているという女性からは「書いてくれてありがとう」と言われた。一方で「犯罪者に見られて当然」などという辛辣《しんらつ》な意見もあった。

石崎はその反響に驚きつつ、「人は偏見を簡単に深められるんだと自覚するいい機会になった」と振り返る。「実態が分からないものに対しては偏見で語った方が確かに楽なんです。でも楽をして語れば誰かが傷つく。現代に生きるとは、そういうことなのかなと思います」

18年2月に創刊したHIKIPOSは「ひきこもりを経験した人にしか分からない文脈を、自分の言葉で伝えることに意味がある」（石崎）として、「恋愛」「働く」「幸福」などのテーマで特集を組んできた。事件後はウェブサイトへのアクセスが急増し、半月で8万回を超えた。

19年6月中旬、東京都内の公共施設で開かれた編集会議には男女約30人が参加した。テーマは「ひきこもりと偏見」。30代男性は「川崎の事件では、まだひきこもりへの意見が分かれていたが、練馬の事件で『ほれ見たことか』となった」と話した。

自分たちは殺されても仕方がない存在なのか。巷にあふれるむき出しの敵意に対し、「生産性がないと思われているから」と語ったのは30代の女性だ。

女性は高校時代に不登校となり中退。高卒認定試験を経て大学に進み、就職活動では自らの過去をあえて隠さず面接に臨んだ。ひきこもりという「明らかにマイナスな体験」をプラスに言い換えない限り、他の新卒者には勝てないと思ったからだ。困難を乗り越えた経験は「意外とアピールポイントになった」という。

だが入社後にまもなく母が病気で倒れ、自身も心労が重なった。医師の勧めで休職を申し出ると、上司はばかにしたような笑みを浮かべた。

「これだからひきこもりは……」

家族が病気になり、心身に不調を来すのは誰にでも起こり得ることなのに、過去のひきこもり経験が原因だとみられてしまう。悔しさと同時に、目の前に、どうしようもなく高い壁があるのを感じた。

ゆりな（25 ペンネーム）にとってＨＩＫＩＰＯＳに記事を書くのは「積み重なった自己否定を一枚一枚丁寧に読みほどき、包み込むような行為」だという。

中2の朝、げた箱で下を向いたまま、相手を確認せずに「おはよう」と声を掛けた。そこにいたのはクラスでヒエラルキー（階層）が一番上の女子だった。「生意気で愚かな子」と見られ、すぐにいじめの標的になった。

公務員の父と専業主婦の母。外から見ると何の問題もない家庭だったが、母は「外に出しても恥ずかしくない人間を作りたい」という感情が透けて見える人だった。就職先でつらくなった時には「適応できないあなたが悪い」と否定的な言葉を並べ、「私が世間一般の考え方だと思う」とも言った。

人を殺すことを容認するのは絶対に許されないことだと分かっている。それでも川崎の事件で自殺した容疑者について、犯行に至るまでの心の苦しみに思いをはせずにはいられない自分がいる。「一人の人間の感情にまかせた言葉で語ってはいけないのでしょうけれど……」。長い沈黙の後で、言葉を継いだ。

「恥の意識は人の心を殺す。その最果てに今、私たちは立っていると思う」

当事者分断で終わってはだめ

〈ひきこもりを犯罪者予備軍と扱うことは偏見だという主張が発信されていますが、僕

はこの主張がとても嫌いです〉

２つの事件を受け、当事者団体や家族会が出した声明文に対し、フェイスブック上に一見過激なメッセージが載った。書いたのは、大阪府内で生きづらさを抱えた人たちの自助会を運営する泉翔（32）だ。

「これは批判ではないんです。誰だって犯罪と結びつけられたらつらいだろうし、動けなくなりますから。でもそれだけでは問題解決にはならない」。泉はそう断ってから、メッセージの真意を語り始めた。

大学4年の時、就職活動に行き詰まり、アパートにひきこもった。強迫性障害で汚れが気になり、体が真っ赤になるまで何時間も風呂に入り続けた。駐車場の車が自分を追い掛けてきたのではないかという妄想に取りつかれ、片っ端からナンバーをメモしたこともある。ウイスキーをあおり、睡眠薬を大量に飲んだ。

「物を壊し、人も傷つけた。腐った自分と腐った世の中を全部まとめてぶっ壊してやろうと」

そんな自分を苦しみから救い出してくれたのは高校の時からの友人だった。毎週決まった曜日、時間にインターホンが鳴ったが、ひげもそらず、髪も伸び放題だった泉は会うのを拒んだ。それでも懲りずに、郵便受けに栄養飲料を入れたり、興味がありそうなイベントのチラシをさりげなく置いていってくれたりした。そこから社会活動に参加するようになり、今がある。

「僕には奇跡的に友人がいた。でも自分を異質なものとして見る人間しか周りにいないと思ったら、(川崎の事件と)同じことをやっていたかもしれない」。そう語る泉には、事件後にひきこもり当事者らが出した声明文の「その先」が大切に思えてならない。

「ひきこもりへの偏見は確かにある。でも『事件を起こすようなやつと一緒にするな』という当事者間の分断で終わってはだめだと思うのです」

二度と悲惨な事件を繰り返さないために、当事者を追い詰めているものに目を向ける必要があるのではないか。「長い間ひきこもって、そんだけ苦しい状況に追い込んでいたのは誰?って。ひきこもりの抱えるしんどさってこれなんやでって。誰か言ってあげてよって」

中高年のひきこもり61万人

川崎、練馬で立て続けに起きた事件は、子どもが長期間ひきこもり状態にある家庭の深刻な状況を浮き彫りにした。両事件から約2カ月さかのぼる19年3月29日、内閣府は中高年（40～64歳）のひきこもりの人が全国で推計61万3000人に上るという初めての調査結果を公表していた。このうち、6カ月以上にわたり「近所のコンビニに出かけるぐらいで、自宅からほとんど出ない」という狭義のひきこもりは36万5000人、「普段は自宅にいるが、趣味の用事の時だけ外出する」という準ひきこもりは24万8000人だった。川崎の事件で自殺した容疑者の男と練馬の事件で父親に殺された男性は、いずれも40代以上でひきこもりがちだったとされる。

ひきこもりは長い間、不登校の延長と捉えられ「若者特有の問題」というイメージが強かったが、中高年が若年層（15～39歳）の約54万人（15年調査）を上回っている実態が明らかになった。根本匠厚生労働相は記者会見で、「大人のひきこもりは新しい社会的問題だ。さまざまな検討、分析を加えて適切に対応していくべき課題だ」と述べた。

内閣府の調査結果を少し詳しく見てみよう。ひきこもりの期間は7年以上が半数近くを占め、全体の4分の3が男性だった。一方で、これまでの調査では対象から除かれていた専業主婦（主夫）や家事手伝いの人も調査対象に含まれた。

きっかけ（複数回答）は「退職したこと」36・2％、「人間関係がうまくいかなかった」「病気」がともに21・3％、「職場になじめなかった」19・1％の順だった。バブル崩壊後の就職氷河期世代に当たる40～44歳では3人に1人が「20～24歳」でひきこもり状態になっており、高校や大学を卒業しても希望の職に就けなかったり、不安定な就労状況が続いたりしたことが原因になった可能性がある。

ひきこもり状態にある人のうち、「父親か母親が生計を立てている」とした人は34・1％で、中には親の年金だけが頼りというケースもあるとみられる。これに親の病気や介護といった要因が重なれば、いつ生活が行き詰まってもおかしくない。現在の状態について「関係機関に相談したい」と答えた人は46・8％に上った。

国に中高年を対象にした調査を要望してきた「KHJ全国ひきこもり家族会連合会」（東京）は「なぜ本人や家族が相談につながれなかったのか、せっかく相談に行っても適切な見立てをしてもらえず、支援の対象から落とされる人がたくさんいるのはなぜなのか、皆できちんと検証していかなければいけない」との見解を発表した。

対応スキルが乏しい自治体

ひきこもりの長期化、高年齢化とともに、福祉の現場では近年、「8050（ハチマルゴーマル）問題」という言葉が聞かれるようになった。親が80代、ひきこもりの子どもが50代で生活に困窮し、親子共倒れとなるケースを指す。

ＫＨＪは18年度に２つの調査を実施した。都道府県や政令指定都市にある「ひきこもり地域支援センター」と各自治体の生活困窮者自立相談支援窓口を対象にした調査（境泉洋・宮崎大学准教授、６０２機関が回答）では、ひきこもりの相談対応をしている機関は84・7％で、相談者は親が47・５％と最多だった。家庭訪問時に本人を発見したことがある機関は31・１％存在したが、その一方で、発見しても親や本人の意向で相談事案として扱えなかったというケースが33・２％に上った。ひきこもりへの対応が困難な理由は「相談対応や訪問スキルを持った職員・スタッフがいない」「自治体内外のひきこもり支援を実践する他機関・団体の情報が乏しい」などが挙げられた。

またＫＨＪは、高齢者の介護相談などに応じる全国の地域包括支援センターのうち、約６分の１に当たる８４４カ所に調査票を送付した。無職の子どもと同居する高齢者を支援したことがある２２０カ所の回答を分析したところ、１５３例は狭義のひきこもりに該当することが分かった。家族が抱える課題は「経済的に余裕がない、または困窮」（48・４％）、「家族以外の親戚などとの交流がない」（47・７％）、「住環境の問題（整頓、衛生など）」（41・８％）と多岐にわたり、両親の要介護状態や認知症、地域での孤立など、さまざまな側面が浮かび上がった。調査を取りまとめた川北稔・愛知教育大学准教授は「親の介護や入院をきっかけに、ひきこもる子どもが周囲に知られる例は珍しくない。ひきこもり状態の解消にとらわれず、まずは家族全体の課題をきっかけに、外部の人と関わるメリットを感じてもらえるようにすることが望まれる。そのためにも、介護関係者とひきこもり支援の関係者らが情報を共有する必要がある」としている。

インタビュー

社会につながる方法論とシステムの整備を

斎藤　環さん・精神科医

優生思想の恐ろしさ

〈川崎、練馬の事件をどう受け止めていますか〉

川崎の児童ら殺傷事件では、ひきこもりがちだった容疑者の男に対し、「1人で死ね」という声がわき起こりました。その直後に練馬で元農水事務次官がひきこもりの長男を刺殺する事件が起きました。私は練馬の事件後、ツイッターで〈断言するが、この殺人の背中を押す力のいくぶんかは、あなたの発した何げない「1人で死ね」の声だ〉と発信しました。

練馬の事件では「元農水次官の英断だ」「社会に貢献しない存在は生きるに値

せず、殺されて当たり前だ」と世間が反応しました。これは〈19人が命を奪われた〉相模原市の障害者施設殺傷事件で被告が発した言葉そのもので、優生思想の恐ろしさを見ます。

〈1998年に著書『社会的ひきこもり』を出版し、ひきこもりという言葉が広く知られるようになりました。その中でひきこもりは本人、家族、社会の関係性の悪循環によって生じると分析していますが、今も認識は同じでしょうか〉

ほとんど変わっていません。ひきこもりは病気ではない。ただ社会の中には、病気とは言えないが支援が必要な「状態」というものがあります。不登校も同じで、たまたま困難な状況にある「まともな人々」という認識です。著書の中では「ひきこもりは20代後半までに問題化する」と書きました。当時の症例では30歳以降に初めてひきこもり状態になったという人がめったにいなかったからです。しかし、今では全年齢で起こり得るということが明らかになっています。

〈ひきこもりと精神疾患の関係をどう考えますか〉

私の考えでは、発達障害の人がいるとしても1割以下。パーソナリティ障害の人はいません。統合失調症の陰性症状が表れている場合には、ひきこもりの支援ではなく治療が必要です。現実的にはひきこもりと精神疾患が重なる部分はありますが、だからといって全部同じ扱いにするのは乱暴すぎると思います。

〈ひきこもりの原因をどのように考えていましたか〉

私が指導を受けた精神科医が、80年代に著書の中で、思春期の特徴として、学業レベルの低下、入試の失敗、テストの不安といった挫折体験から、いろいろなことが起こると書きました。しかし、実際に本人たちから話を聞くと、何となくひきこもったという人が結構いるんですね。原因不明というか、自分がなぜひきこもったのか分からないという人も多い。その見方は今も変わらないです。

その後、新たに加わったのは、社会の影響による家族主義という視点です。個人ではなく家族のあり方が大事にされる日本社会で、親は世間体を気にするあまり、ひきこもりの問題を表に出さずに抱え込んでしまいます。

私は家族が当事者を抱え込むメカニズムを「ひきこもりシステム」と名付けましたが、それを社会の側が家族に押しつけている面があります。

ひきこもりは韓国やイタリアにも多いのですが、両国に共通しているのは、働けない子どもの面倒を家族が見続けるということです。ここに最大の社会的要因があります。しかし単純に家族主義を批判し、個人主義を礼賛するつもりはありません。個人主義国家ではひきこもりの代わりに、生活が行き詰まればホームレスが増えます。要は問題がない社会などないということです。

20年前との大きな違い

〈内閣府が中高年のひきこもりに関する初めての調査結果を公表しました。親子で共倒れになる「8050問題」もクローズアップされています〉

ひきこもりシステムが安定状態に入ってしまうと、家族にとってはその状況が当たり前になり、慢性化する。本当はすごく困っているんだけれど、何とか日常生活を送れているので、緊急性が低いと見なされがちです。

ひきこもり支援で難しいのは、片っ端から戸別訪問をして、自立支援施設などに入れるようなやり方ではだめだということです。かといって、何もせずに「ひきこもりは自己責任だから孤独死しても構わない」という発想も間違い。極端と極端の中間に「正解」があるが、その中間点はどこかということに関して、当事者や支援者の間の認識にズレがあります。
秋田県藤里町は就労支援で成果を上げていますが、社会福祉協議会にとてもセンスのある人がいて、強制的ではなくソフトな方法でニーズを掘り起こした。こうしたさじ加減がとても重要です。

〈ひきこもりの当事者が声を上げ始めています〉

そこが20年前と比べて一番大きく変わったところです。当事者が発言するだけでなく、支援を始めた。自助グループを作ったり、自前の新聞やメディアを作ったりしています。
かつては新聞の論説委員といったインテリ層や、学者などの知識層ですら「ひきこもりはけしからん」という意見が目立っていました。一方で「もっとひきこもった方が良い」「放っておけば自分で道を見つける」という無責任な理想論が大量の「８０５０」につながったとも思います。今はネットなど一部に過激な差別発言が見られるものの、支援のあり方に比べて言論の状況はだいぶましになりました。

〈あるべき支援とは〉

私は自分のひきこもり状態を全肯定できる人を見たことがありません。ひきこもりは「孤立」です。苦しくて何とかしたいけれど、社会から一律に解決策を押し付けられたくないという人が多いのではないでしょうか。

適切な支援というのは柔軟性があることです。ひきこもりを100パーセント支援の対象とは見なさないが、ニーズがあれば応えていく。強制はしないが干渉はする。本人の自主性、自発性を損なうことなく、対話を継続して「構う」ということです。そのための方法論とシステム整備が必要です。

プロフィール
さいとう・たまき　1961年岩手県生まれ。筑波大学教授。医学博士。専門は思春期・青年期の精神病理学。著書に『社会的ひきこもり』『ヤンキー化する日本』など。

第2章

横行する自立支援ビジネス

インターネットで「ひきこもり」「自立支援」と検索すると、さまざまな民間業者が見つかる。中には「ご家族の悩みを解決します」などの誘い文句で親に契約を結ばせて、本人を自宅から無理やり連れ出したり、法外な料金を請求したりするケースもある。消費者庁は2017年頃からホームページで注意を呼びかけているが（33ページ参照）、被害は後を絶たない。

見知らぬ男4人に〝羽交い締め〟

東の空がうっすらと白み始める。16年8月、佐藤達弘（25仮名）は車の助手席で身を硬くしていた。「あと少しだ」。山あいの施設を抜けだし、高速を使いながら走ること5時間。追っ手は来ない。

車は東京郊外にある駅のロータリーで止まった。半袖シャツの通勤客がせわしなく行き交う、約2年ぶりに目にする光景。「助けてくださり、ありがとうございました」。達弘は運転席の男性に丁寧に礼を言い、車を降りた。

一人っ子の達弘は、中1の時に両親が離婚して以来、同居の母とずっと折り合いが悪かった。母は過干渉気味で、達弘の留守中に勝手に机の引き出しを開けたり、パソコンのブログをのぞき見したりした。母が「部屋には入っていない」としらを切っても、すぐにうそだと分かる。出掛ける前にドアに挟んでおいた紙切れが、帰宅した時に床に落ちていたからだ。友人関係にもいちいち口を挟んできた。文句を言うと、「ヒステリックな口調で『おまえは理屈っぽい』『私は親なんだから』と言われた」。物事を突き詰めて考える性格の達弘にとって、母は〝支配者〟そのものだった。

浪人の末に入った大学はわずか3カ月で辞めた。通学に電車で2時間もかかるし、もともと志望してい

ひきこもり支援を目的として掲げる民間事業の利用をめぐる消費者トラブルにご注意ください!

ひきこもりとは、一般に、様々な要因の結果として、社会的参加(義務教育を含む就学、非常勤職を含む就労、家庭外での交遊)を回避し、原則的には6か月以上にわたっておおむね家庭にとどまり続けている状態(他者と交わらない形での外出をしていてもよい)をいいます。
ひきこもりの状態にある方への支援のための1次相談窓口として、各都道府県及び政令指定都市に「ひきこもり地域支援センター」が設置されていますが、それ以外に、民間事業者が、独自の取組を実施している場合があります。

ひきこもり支援を目的として掲げる民間事業者との契約時、そうした民間事業者の利用時等において、対応が説明と異なる、途中で解約できないなど、契約や解約に際しトラブルに遭った場合には、「消費者ホットライン」(局番なしの188)を活用し、お近くの消費生活センター等へ御相談ください。

(消費者庁ウェブサイトhttps://www.caa.go.jpより)

た学校ではなかった。時折、単発のアルバイトをこなす以外は自室にこもり、母との会話はなくなった。それでも、あきれたような表情を見れば、言いたいことは伝わってきた。

「こう話すと、ひきこもって何もしていなかったように思われますが、そうじゃないんです」。当時の様子を尋ねると、達弘は語気を強めた。浪人、大学中退……。「このままじゃ、やばい」。同級生から一人だけ取り残されていると感じ、就職に役立つＴＯＥＩＣ（英語の試験）の勉強をしたり、通信制の大学に入り直そうと考え、申込書を取り寄せたりしたという。

14年11月のある朝、自宅にスーツ姿の見知らぬ男４人がやって来た。「修行に行くぞ」。男たちはそう言うと、いきなり布団をはがし、達弘を羽交い締めにしてワゴン車の後部座席に押し込んだ。母はずっと押し黙ったままだった。

窓に鉄格子、絶望の日々

自宅から無理やり連れ出された達弘は、ワゴン車の後部座席でスーツ姿の男に両脇を挟まれ、恐怖と闘っていた。赤や黄色に色付いた美しい木々が目の前を流れてゆく。どのくらい上ってきただろう。山の景色を楽しむ余裕もないまま日が暮れて、人家がまばらになると、古ぼけた2階建てのプレハブが数棟現れた。

たどり着いたのは中部地方にある「しあわせの里」（仮名）と呼ばれる施設だった。ホームページによると、ＮＰＯ法人が運営し「ひきこもりや不登校、家庭内暴力からの自立をサポートする」とうたっている。達弘に内緒で、母が入所を申し込んでいたのだった。到着後、すぐに財布やスマホを取り上げられ、スタッフに2階の個室に案内された。「まずはここで１週間、自分を見つめ直せ」。窓には鉄格子がはめられ、階段の途中にはセンサーが取り付けられていた。脱走できないようにするためだ。

翌朝、達弘が中庭に出てみると、青いつなぎのような服を着た十数人の男性が整列し、点呼を取っていた。10代から40代まで年齢はさまざまだが、一様に顔に生気がない。「まるで刑務所のようだな」と思い、その中の１人に毎日何をしているのかと尋ねた。

「小学生みたいなことだよ」

その言葉の意味はすぐに分かった。入所者は起床後、鉄塔の周りを25周走らされる。午前、午後の作業時間は主に草むしりやニワトリ小屋の掃除。ホームページには仕事体験塾やビジネスマナー講座、保育園や老人ホームでのボランティアといった自立のための活動が紹介されていたが、そういったことが行われている様子はなかった。

しばらく生活するうちに、他の入所者との間に「親や家族に捨てられた」という共有意識が芽生えてきた。学校を辞めたり、仕事に就いていなかったり、入所前の状況は一人一人違ったが、自らの意思に反して強制的に〝収容〟され、5年以上が過ぎたという人もいた。「ここは人間の最終処分場だ」。達弘は飛び出そうと心に決め、その機会をうかがった。

アルバイト先の男性の助けを借りて脱走

「しあわせの里」に強制的に入れられてから1年半がたった頃、達弘は近くの部品工場にアルバイトに行くことを許可された。表向きは就労支援の一環という位置付けだが、実際は単調な生活でたまった入所者のストレスを発散させるのが狙いのようだった。

施設のスタッフは事前に、達弘に誓約書を出すよう命じた。

「了解を得ないまま実家に帰省しない」

「給与は口座振り込みで、里が管理する」

「里において知り得た事柄は、第三者に漏らさない」

アルバイト先から自宅に逃げ帰る人もいたが、家族が施設に通報し、すぐに連れ戻された。誰もが「自分には施設以外に行く当てがない」と信じ込み、マインドコントロールにかかっているようだった。

それでも達弘は虎視眈々《こしたんたん》とチャンスをうかがっていた。工場で働き始めてから2週間。意を決し、アルバイトの採用面接を担当していた安田良夫（59仮名）に自らが置かれている状況を打ち明けた。安田は採用後も自分の息子と同じ年頃の達弘を気にかけ、仕事に早く慣れることができるよう、自宅で食事を振る舞ってくれたこともある。

達弘は「あまり言いたくないんですけど、驚かないでくださいね」と切り出し、「施設に無理やり入れられている」「自宅に戻りたいがお金がない」と訴えた。面接では親戚のアパートに身を寄せていると言っていたはずだが……。安田が履歴書に書かれた住所に行ってみると、確かにそれらしき建物があった。このまま放っておくわけにはいかないと思った安田は「夜中に施設から100メートルぐらい離れたところに車を止めておくので、監視の目を盗んで走っておいで」と提案した。

だが逃げるには軍資金がいる。達弘はアルバイトの行き帰りにコンビニに立ち寄ると、ゴミ箱に捨てられたレシートをあさり、施設のスタッフに渡した。必要な物を買ったと申告すれば、1日500円を限度に小遣いをもらえる決まりになっていたからだ。

それから4カ月がたち、達弘は夜勤に行くふりをして施設を出た。約束の場所で安田と落ち合い、仮眠を取った後、夜明け前に車で東京へ向けて出発した。車内ではずっと無言だった。

戸塚ヨットのスパルタ式、今も

達弘が半ば監禁状態に置かれていた「しあわせの里」とは一体どのような場所なのか。電話で子どもの入所を検討していると伝え、見学を申し込んでみた。

ローカル線の無人駅に降り立ち、山あいの道を20分ほど歩くと、目的地に着いた。入り口には「警戒中。ご用の方はインターホンでお話しください」と書かれた張り紙がある。建物の前では20代とみられる入所者の男性2人が直立不動で待ち、「こんにちは！」と大声であいさつをしてきた。応対したのは50歳に近い責任者の男性だ。

——どのような自立支援をしているのか。

「ひきこもりは甘えで、自分の失敗を人のせいにする。ここでは集団生活で礼儀、気遣い、思いやりをたたき込む。訓練、修行で人生の終わりと思えるような最悪の状況を味わえば、親や家庭のありがたみが分かる」

——費用は。

「入学金200万円と毎月の費用が10万円。自宅に迎えに行く場合は人件費が30〜40万円だ」

──自宅から無理やり連れ出すことはあるのか。

「子どもが暴れても説得する。親は事前に知らせない方が良い。だまし討ちだと責められても、本人の将来のためという高い志があれば、子どもは必ず理解してくれる」

集団生活での訓練と聞いて、真っ先に思い浮かぶのは「戸塚ヨットスクール」だ。校長の戸塚宏が1976年に愛知県美浜町に開校。スパルタ式指導で不登校や非行から立ち直らせると評判を呼び、全国の「悩める親」が殺到した。しかし80年代に訓練生の行方不明や、スタッフによる暴行事件が発生し、戸塚は傷害致死罪などで懲役6年の実刑判決を受けた。

過酷な状況下で根性を鍛え直すという暴力の系譜は、今も脈々と続いている。

「やっているのは犯罪」

ひきこもりの人の自立をうたい文句にして自宅から無理やり連れ出し、実態のない支援で法外な料金を請求する悪質な業者は「引き出し屋」と呼ばれる。角田正和（40仮名）は首都圏の施設で約半年間働いた経験を持つ。「『救いたい』なんてうそ。彼らがやっているのは犯罪だ」といい、その内実を告発する。

２０１６年冬。角田はマンションの一室で「全国回復センター」（仮名）の幹部による面接を受けた。ハローワークで見つけた「施設管理」のアルバイトだった。

「本人だけじゃなく、家族も苦しんでいる。彼らを救いたい」「取材がもう何件も来た。来年には『奇跡の回復』というテレビ番組になる」と代表の黒木重之（仮名）はセンターの意義を熱っぽく語った。50代の元警察官で、探偵業なども営んできたという。壁に飾られている警視総監や有名国会議員とのツーショット写真が見る者を威圧する。アルバイトの主な業務は入所者への対応や電話番で、簡単そうに思えた。時給１０００〜１２００円と条件も良かった。だが実際の仕事は説明と違い、角田は初日から面食らう。

採用の連絡を受け、翌日の午後10時に黒木らが「寮」と呼ぶ埼玉県内の民家にスーツで来るよう指示された。その場で黒木のほか男女の職員４人が、相手を後ろ手にひねって拘束する術を何度も指導。練習が終わると車に乗るよう言われ、高速を北上した。その日は依頼者の子どもを連れ出す「実行日」だったのだ。

道中、黒木が説明した。「今日は８年間ひきこもっている28歳の男性を連れて来る。父親は本当に精神的に参っている。本人もこのままではだめだ。再生できるように手を貸してほしい」「抵抗する恐れもあるので最初は強引でも連れ出す。拘束術はそのためだ」

夜明け前に福島県内の男性宅を確認し、近くのコンビニ駐車場に移動した。弁当を支給され、そこでも拘束術を練習していったん仮眠し、翌日の午前9時に踏み込んだ。まだ寝ていた男性は見知らぬスーツ姿の集団に取り囲まれ、おののいたが、抵抗せず車に乗り込んだ。緊張が少し解けた角田をどっと疲れが襲った。

私物取り上げ軟禁状態

角田が勤務することになった「寮」は、埼玉県内の静かな住宅街にある何の変哲もない古い民家だった。周囲には小学校があり、農地も残るのどかな場所だ。

「全国回復センター」は、埼玉、千葉両県で民家やアパートを借り上げ、ひきこもりとされる人たちを住まわせていた。角田の勤務先は男性寮で、1階には台所やリビング、2階に2段ベッドを備えた4畳半ほどの部屋が4つ。アルバイトの職員が2交代制で常駐し、男性の寮長も住み込んでいた。

ホームページを見て入所を依頼する親が多く、職員が北海道から九州まで全国各地に迎えに行った。子どもは20~30代が中心で、本当に外に出ることができない人もいれば、自宅でネットを使ってお金を稼いだりして、「自分はひきこもりではない」と訴える人もいた。

黒木は入所の際、財布や携帯電話、身分証を取り上げるよう職員に指示した。逃げ出す手段を奪うためだ。おとなしくしていればそのうち返却し、外出も許可する。職員は従順な入所者を陰で「模範囚」と呼んだ。

センターは「入寮後は社会性を身に付けるための訓練や職業訓練を行う」と約束しながら、前出の「しあわせの里」同様、一切行っていなかった。入所者のためのプログラムは何一つなく、自立支援とは名ばかりだった。

関西出身の30代男性は、「ここにいる理由はない」と繰り返し、私物を取り上げられたままで逃げ出した。1週間後、公園で野宿しているところを不審者として通報され、警察署で事情を説明したが、警官は「親に頼まれ、うちで子どもを預かっている」という職員の言葉を信じ、取り合ってもらえなかった。男性は角田に「公園の水しか口にすることができず、自殺も考えた」と漏らした。その後、寮のベランダから飛び降りて救急搬送され、行方が分からなくなった。数週間後には別の男性が4回も脱走を試みている。

黒木らは窓を内側から開けられないように特殊な鍵を付け、玄関も二重に施錠するなどして、入所者の外出の自由を奪った。やがて職員に〝常時監視〟を命じるようになった。

専門知識を持つ職員はゼロ

センターのやり方に疑念を抱き始めた角田は、ある日、寮に入所していた男性の脱走を手助けし、自宅まで車で送り届けた。男性の母親は当初、代表の黒木を信じ切っていたが、角田が黒木らの人権を無視した行為や、支援の実態がないことを打ち明けると、後悔を口にした。

角田はその場で母親からセンターの契約書を見せられ、驚いた。黒木らは自立支援を名目に、3カ月間で約550万円という法外な契約料を支払わせていたのだ。自宅から連れ出す際の交通費や宿泊代、本人の散髪代などは別途支払うとの項目まであった。センターでは入所者の携帯電話を取り上げるだけでなく、親にも「連絡を取るのは子どものためにならない」と言い、電話番号を変えさせるなどした。その一方で、子どもたちの写真をメールで親に送り、職業訓練などを行っているように見せかけ、安心させていた。

角田は「職員採用の仕組みにもからくりがあった」と教えてくれた。寮の職員の多くは障害者手帳を取得し、「障害者トライアル雇用」という制度で採用されていた。障害者を継続雇用すると国の補助金がもらえる仕組みで、角田自身も手帳を持つ障害者だ。

「補助金が欲しいだけじゃない。障害者なら犯罪行為に気付かないし、気付いて外部に訴えても、誰も信じないと思ったんだろう」。支援に欠かせない医療や福祉、教育といった専門分野の知識や経験を持つ職員は1人としていなかったという。

角田の手元には1枚のメモがある。施設で働いていた半年間に自宅から連れ出された11人のリストだ。金もうけのために弱者を食い物にする黒木らの手口をいつか公にしようと、ひそかに記録を残していた。「ひきこもり解決します」「子どもを助けます」。インターネット上には、センターのような業者のサイトがあふれる。だが業者の実態は国も自治体も把握できていない。

こうした業者に頼らざるを得ない状況に追い込まれた親自身も、揺れ動いている。角田が逃走を助けた男性の母親は「ひきこもりの息子を何とかしたい」と必死で、黒木のことを〝救世主〟のようにすら思っていた。だまされていただけだと気付き、本人を望まぬ環境に置いてしまったことを今も悔い、自分を責め続けているという。

一方で、黒木に感謝する親もいる。30代の息子を託した九州地方の母親は、こう言い切った。「長い間、仕事にも就いていなかった子がやっと働き始めました。黒木さんのことを悪く思うことなどありません」

本人無視の支援は、それだけで暴力的

2000年代初め、15歳で不登校だった男性が、名古屋市の業者に自宅から連れ出され、強制的に入寮させられた。男性は数年後、業者に損害賠償を求め提訴。名古屋高裁は07年、暴力的支配の違法性を認め、業者に賠償を命じた。その訴訟で原告の代理人を務めた弁護士の多田元（73）は「家庭教育やフリースクールを認めている国があるのに、日本では学校に行かないと異常視される。世界的に見ても、こんな国は珍しいのではないか」と話す。

多田は最近、幼稚園児を持つ親の前で話す機会があり、そこで出された質問に驚いた。「将来、不登校やニートにならないためにどうしたらいいのでしょうか」

均一性が求められる風潮の中、「子どもが家にとどまっていると家族関係に緊張が生じ、親はわが子を放り出したくなる」と多田。業者はそうした心理を巧みに突く。「『支援のおかげで自立できた』と言っている親は、結局自分が楽になっただけ。子どもの外形だけを見て、安心を手に入れようとしている」

自らの経験をもとに、支援のあり方を考え始めた当事者もいる。木村ナオヒロ（33）は1年ほど前にテレビ番組で、ある支援業者がひきこもりの人を部屋から強引に連れ出す

シーンが放送されるのを見た。子どもを暗闇から救い出し、親が感謝するといった美談仕立てのストーリーに、かつての自分の体験が重なった。そこには本人の意思も、尊厳もなく、ひきこもりは「消えた存在」なのだと感じた。

木村は自分と同じひきこもり経験者に呼び掛け、「ひきこもり新聞」を創刊。「新しい支援」というタイトルの特集を組み、当事者の目線で必要な支援や信頼できる団体を紹介した。今は有志で「暴力的『ひきこもり支援』施設問題を考える会」を立ち上げ、ひきこもりの人の「権利宣言」と、マスコミが悪質な業者を番組などで取り上げないようにするため報道のガイドライン作成を目指している。

こうした業者には法的規制がなく、明確な犯罪に至らない「グレーゾーン」の場合は、警察も行政も介入しないままおとがめなしで終わることが多い。木村は「本人の意思を無視した支援は、それだけで暴力的と言えるのではないでしょうか」と話す。

相次ぐトラブル、被害実態の把握を

２０１９年11月14日午後８時50分頃、浜松市の新東名高速道路上り線で、走行中の乗用車から後部座席に乗っていた30代の男性が飛び降り、後続の車数台にはねられ死亡した。

男性はひきこもりだったとみられ、神戸市の自宅から神奈川県にある自立支援施設に向かう途中だった。警察によると、施設の職員2人が家族の許可を得て、男性を自宅から連れ出していた。職員2人は前の座席に乗っていたという。

同様の自立支援施設に連れて行かれた経験があるという男性は「私の時も車の後部座席に乗せられ、ドアには中から開けられないようにロックがかかっていた。亡くなった男性は窓を開けて、飛び降りたんじゃないでしょうか」と話す。警察は今回の件を自殺事案として処理する方針だが、男性は「(施設で)自分の人権を無視した生活を強要されることに耐えかねて、自死を選んだのでしょう。これはれっきとした殺人です」と言い切る。

ひきこもりの人の自立支援施設を巡っては、他にも入所者の集団脱走や、損害賠償請求訴訟が相次いで起きている。

神奈川県内の施設からは、18年7月までに少なくとも10〜40代の男女計10人が抜け出し、福祉施設に保護された。親元に戻った1人を除く9人は所持金がなく、生活保護を受けた。支援する弁護士は「スタッフが突然自宅に現れ、困惑した状態で入所に同意するまで説得を続けるのは自己決定権の侵害だ」と指摘。一方、施設側は「本人が納得の上で入寮同意書にサインしており、強制ではない」として主張が対立している。

19年2月には、関東地方に住む30代男性が東京都内の業者を相手取り、慰謝料など計

550万円の支払いを求め、東京地裁に提訴した。

訴状によると、男性はマンションの自室で食事中に、施設職員の男ら数人がやってきて「父親が出て行ってほしいと言っている」と一方的に説明された。男性は抵抗したがテーブルにうつぶせの状態で押し付けられ、車で東京都内の寮に連れて行かれた。職員が監視する中、鍵の付いた地下室に8日間入れられた後、精神科病院に医療保護入院となり、ベッドに拘束されたなどとしている。原告側はこうした対応が「結論を焦らず、当事者の不安を受け止めることが大切」とする厚生労働省のひきこもり支援ガイドラインに反し、人格権の侵害に当たると指摘している。

KHJ全国ひきこもり家族会連合会は、19年6月に都内で開いた支部代表会議で、各地の被害実態を把握するため、情報収集のプロジェクトチームを発足させることを決めた。当事者団体とも連携し、国に法規制を含めた対応を促す考えだ。

川崎、練馬の事件が相次いだ直後から、KHJには不安を抱えた親からの相談が急増している。広報担当理事の池上正樹は「業者の中には、事件に便乗する形で（子どもを施設に預けるよう）親を勧誘する動きが出ている。子どもは施設を脱走した後も心的外傷後ストレス障害（PTSD）を抱え、親子関係は崩壊する」と注意を呼び掛けた。

支援業者を取り巻く状況は、「自立とは何なのか」という根源的な問いを投げかけている。

■第3章■

ひきこもりを地域で支える

ひきこもりの子どもを抱える親は、世間体を気にして周囲に明かさないケースがほとんどだ。閉ざされた家庭をどのように支援につなげるかが課題となっている。

破られ続けた書き置き

1960〜70年代の高度経済成長期に大規模開発された東日本のベッドタウン。当時の子育て世代は高齢化が進み、地域のつながりも薄れつつある。手入れの行き届いた家々が整然と並ぶ住宅街の一角で、明るいうちから雨戸を閉め切った「その家」は、息を潜めているようだった。地域で活動する福祉団体スタッフの古屋隆一（41仮名）は2016年の秋、玄関前でびりびりに破かれた手紙を見つけた。数日前、住人の男性に「困っていることがあれば、手伝いたい」と書き残したものだ。

「やっぱり……。思い通りになるわけない」

古屋は大学卒業後、進路を決められないままアルバイトをし、海外を放浪した。人生を模索してきただけに、生きづらさを抱えて悩んだり、苦しんだりする人は無縁な存在ではなかった。一方で、病院や自治体の窓口に行けず、福祉の制度やサービスが届かない人がいることに気付く。「待っているだけではだめだ」と訪問活動に力を入れるようになった。

断られても諦めずに足を運び、その熱心さは周囲から「変わり者」と言われるほどだ。ただ、本人に会えずに一進一退を繰り返し、「何年かかっても仕方ない」と覚悟したのは一度や二度のことではない。

今回訪れた家には15年近くひきこもっている30代の男性がいた。サラリーマンの父親と専業主婦の母親に育てられた男性は、大学卒業後に仕事に就いたが、間もなく退職。その頃からうつの症状があり、家から出なくなった。昼夜逆転の生活の中、暴言がひどくなり、自分以外の人間がトイレを使うことを「汚れるから」という理由で禁止した。70代の両親は数年前に男性を残し、逃げるように近くのアパートに移り住んだ。

古屋はその頃、一家の存在を知った。勤務先の福祉団体に、母親が時折姿を見せていたからだ。「息子を何とかしてやりたいが、夫が外部の支援を拒否している」。父親は、親の責任として男性を支えたいようだった。窮状はうかがえても、明確なＳＯＳがなければ第三者は関与できない。スタッフで情報を共有し、状況が変化した場合に備えた。

「その時」は思わぬ形でやってきた。

母親が病気で他界し、自宅に１人でいる男性のために、食費や光熱費、時には食べ物を届けていた父親にも認知症の症状が現れたのだ。自宅とアパート。２つの場所でつながっていた家族の生活が崩れ始める。父親の認知症は進み、男性が暮らす自宅に足を運ぶのが難しくなった。

ある日、結婚して家を出ていた姉に、男性から手紙が届いた。

〈お金に困っている。自殺する〉

姉からの相談を受け、古屋は早速、自治体の担当者らを交え、どんなサポートができるか話し合った。家族を丸ごと支えるため、父親の介護計画を立てたケアマネジャーも加わった。

古屋には常日頃から、心掛けていることがある。「本人の意向は何か」。それが分からないと、一方通行の支援になる。糸口をつかむため、まずは会いたかった。しかし、自治体の担当者と自宅を訪問しても、男性は姿を見せない。残した書き置きは破られ、時には踏みつけられていた。

警官同行、ぎりぎりの決断

男性に怪しまれずに会うには、どうすればいいか。古屋は〈お父様のご健康上の問題から、お父様とご一緒して、毎月お金を手渡しいたします。玄関を開けていただき、お渡しします〉という書き置きを残し、男性の反応を見ることにした。だが約束の日に訪ねても、やはりドアは開かない。面会のための「口実」は見透かされていた。

数週間後、玄関前に1枚の紙があった。

〈生活費が足りず、強盗する〉

これは本心ではなく、「助けてほしい」というメッセージではないかと直感した。だが「強盗する」というのは本当ではないということを、直接確かめる必要がある。

冬の朝、古屋は緊張した面持ちで、男性宅の前に立った。同行した警察官がインターホンを何度か鳴らすが、応答はない。持参した鍵でドアを開けると、チェーンがかかっていた。ドアの隙間から、警察官が名前を何度も呼ぶ。「チェーンを切りますよ」。すると少し不機嫌そうな表情の男性が現れ、「待ってください」と言った。

警察官「家の前に置いてあった紙は本気ですか」

男性「そんなつもりはありません」

警察官「困っているなら、この人たちに相談したらどう？」

古屋「初めまして。何かあれば教えてくれませんか」

男性はよく眠れず、食事も十分に取れていない様子で、古屋と自治体の担当者に向かって「病院に行きたい」とつぶやいた。うつ症状で以前は通院していたが、いつしか途絶えていた。

警察官が立ち会ったことが果たして良かったのかと、古屋は今も自問している。「本人に満足感があれば、ひきこもりは一つの生き方。自分で出てこられる時まで、家族や他の支援者と協力して待ちたいが、扉をこじ開けてしまった」

だが先細りするばかりの生活をこのままにしてはおけない。ぎりぎりの決断だった。

さまざまな人を巻き込んだ支援

古屋が自治体と連携しながら男性の本格的な支援を始めると、ひきこもり生活を続けていた環境は大きく変化した。父親は介護施設に入所し、男性は生活保護を利用するようになった。古屋らの提案に最初はためらっていたが、父親からの仕送りには限りがあることを理解し、受給に同意した。

精神科の受診を希望した男性のために、古屋は信頼できる医師に診察を頼んだ。病院に数回付き添うと、その後は1人で通えるようになった。男性はある時、履歴書を持ってきた。手書きのきちょうめんな文字。「でも、体調が悪くて働けない」とぽつりとつぶやいた。古屋の目には「本人なりに頑張ろうとしている」と映った。

孤立無援の状態から医療や福祉とつながり、男性の生活基盤は整い始めた。その先を見つめたサポートは今も続いている。家族や自治体の担当者を交えた月に1度の会議では、近所付き合いが議題になった。他人と長い間交流していない男性は周囲との関わりを望んでいなかったため、「町内会から退会すればいいのではないか」との意見も出た。だが社会生活を送るためには、多くの人と交わり、経験を積む必要がある。

さまざまな人を巻き込み、支援を続ける古屋には、ある苦い記憶がある。以前、ひきこもりの50代男性への訪問活動をしていた時のこと。なかなか会えず、手応えのないまま時間だけが過ぎていった。2年近くがたち、男性は心筋梗塞で突然亡くなった。持病が原因だったが、無力感にさいなまれた。

医療に詳しい人が支援に入っていれば、自分が強く病院に行くことを勧めていれば、もっと生きられたのではないか。「知恵を出し合える仲間が欲しい」。1人では限界があった。

古屋は今、ひきこもりや不登校に関心のある支援者や看護師、家族らが集う場を作り、医師や専門家を招いて講演会などを開いている。

「支援の輪を広げ、悩みを抱える人が相談できるきっかけにしたい」

介護を〝橋渡し〟に

古屋が活動する東日本のベッドタウンでは、高齢化した住民の介護に訪れる専門職が、ひきこもりの人を支援へと橋渡ししている。

「心配な人を見かけたらその都度、古屋さんや自治体の担当者と情報を共有してきた」

高齢者の暮らしを支える地域包括支援センター職員波田優子（55 仮名）の仕事は、自宅を訪問し、自力での生活が難しい人に必要な介護サービスを利用してもらうことだ。だが着任後、奇妙なことに気が付いた。明らかに介護が必要なのにサービスを使おうとしない人や、使っている場合でも、娘や息子の存在を隠そうとする人がいたことだ。

調べてみると、自宅には40代や50代のひきこもりの子がいた。親は自分が死んだ後のことを考え、少しでも資産を残すため、支出を抑えようとしている。さらに気になったのは、各家庭を訪れるヘルパーや、周辺住民の間に「そっとしておいてあげよう」という雰囲気があることだった。

「私たちが関わっていけば、本人たちもきっと社会に戻れるよ」。波田は事例を挙げながら、ケアマネジャーやヘルパー、訪問看護師らと話し合いを重ねた。ひきこもりの子がいる親は内情を明かしたがらない。だが近所の人は気付かなくても、介護に携わる人ならば親に寄り添える立場にあるのだと、一人一人の意識を変えたかった。親がぎりぎりまで抱え込んだ末に生活が行き詰まり、初めて支援が始まるケースは多い。波田はそのタイミングだけは逃さないようにしているが「もっと早く動き出せないか」と思う。

ある時、地元の町内会長や民生委員、医師ら約60人に参加してもらい、ひきこもりをテーマにした大規模な会議を開いた。民生委員からは「ひきこもりの人がいると分かっても、個人的なことなので周囲に話してはいけないと思っていた」、医師からは「治療以外に、本人を支える仕組みがあるとは知らなかった」といった声が上がった。

波田は「地域の中には、協力できる人がたくさんいる。福祉の関係者だけでなく、みんなで考えたい」という。

「家を出られない人」の家庭訪問

青森との県境に位置し、太平洋を望む岩手県洋野町《ひろのちょう》。海の幸が豊かで、毎年夏に開かれる「ウニまつり」は多くの観光客でにぎわう。人口1万7000人ほどの小さな町だ。

保健師の大光テイ子（65）が町の健康増進課長だった2011年に、がん検診の受診率を上げるため、担当者に各家庭を調べてもらうと「検診どころか、長い間家を出られない人がいる」との報告が相次いだ。翌年、40年近く勤めた町役場を定年退職し、町が運営する地域包括支援センターの職員として再就職。認知症が疑われる高齢者宅を回る傍ら、気になっていた「家を出られない人」の家庭訪問を始めた。

ある日、地元の病院から「介護サービスを使った方が良い人がいるので、話をしてほしい」とセンターに電話が入った。70代の両親と40代の長男の世帯についてだった。

大光は自宅を訪れ、事情を聴こうとしたが、父親に断られた。

「いいです。いいです。用事はない」

家の中が、雑然としている様子が気になった。

3度目の訪問時に、大光が玄関口で父親と話をしていると、中から「入ってもらったら」と声がした。ベッドには母親がおり、聞き取りを進めると、父親は奥の部屋を指さし、こう言った。「息子が20年間、布団をかぶって寝ている」

父親は認知症、母親は重い病気だったが、2人とも介護サービスを利用していなかった。息子が働いていないので、お金を残してやりたいとの思いがあることを知った。

「銭っこがないなら大変だよね。あなたも、息子も、奥さんも、3人まとめて応援するし。任せてくれない?」

明るくおおらかで、誰の悩みでも受け止める大光。地元で長年保健師をしていた経験も、家族からの信頼を得られた理由だった。父親と母親はともに要介護認定を受け、訪問介護を利用し始めた。長男は双極性障害と診断され、障害年金を受けられるようになった。

その後、両親は相次いで亡くなった。１人残された長男は、困ったことがあればセンターに電話をかけてくる。「もし何もしないままだったら、今頃どうなっていたか……」と大光は安堵する。

医療と連携して支援

高年齢のひきこもりの人がいる家族の支援をきっかけに、大光は「同じような人がもっといるはずだ」と思うようになった。洋野町は14年度に実態を調査し、ひきこもりの人が50人いることが分かった。このうち40代以上は半数を超えていた。大光が保健師として働いた40年は、その人たちが生きてきた年月とちょうど重なる。「自分は町民の身近な存在だったはずなのに、何も気付いていなかった。つけがたまってしまった」。悔しさがにじんだ。

地域包括支援センターの他の職員と協力し、全ての家庭を訪ね歩いた。そのうち、ひきこもっている人の中には心の病が見過ごされているケースがあることに気付く。しかし受診には抵抗感が強く、訪問してくれる医師もいない。「支援の手掛かりを得るためには、医療と連携が必要だ」と感じた。そんな時、大光が目に留めたのが精神科医の山科満（56）だった。

東京の中央大学で精神医学を教える傍ら臨床にも携わる山科は、東日本大震災の直後、家族を失った人のケアのため洋野町近くの地域に入った。避難所の巡回の合間に、ひきこもりの人の元にも足を運ぶようになった。

ある男性は自宅から10年間出ていなかった。津波が村を襲った後、自ら救援活動に加わったが、状況が落ち着くと、再び元の生活に戻っていた。山科は自宅を訪問し、「津波の体験を話してほしい」と頼んだ。震災の「語り部」になってもらおうと考えたのだ。ストーブに火を入れ、静かに語る男性。山科は「話していただき、ありがとうございました」と礼を言った。「震災という特殊な状況の中、自分の役割を見つけ、人としての尊厳を取り戻したのではないか」と山科。何度か顔を合わせるうちに、男性はがれき拾いのアルバイトを始め、定職に就いた。

洋野町は漁業や農業が盛んで、老若男女が働くのが当たり前の土地柄だが、県外で働き、人間関係が原因で職場になじめず、帰ってきた人も町内には少なくない。

『働かざる者、生きるべからず』との空気がある。無職でいることが本人たちを追い詰め、ひきこもるしかなくなっている」。山科は1～2カ月に1度、大光の家庭訪問に同行し、家族の話に耳を傾けながら、本人が病院にかかる必要があるかどうか判断する役割も担うようになった。2人は5年余りで約30軒を回った。

大光は訪問の際、相手の状況を慎重に見極める。本人が荒れていれば、つかず離れずで様子を見たり、家族から急な支援の依頼があれば、迅速に対応したりする。ひきこもりの支援から親の介護、住宅改修まで、あらゆる頼まれ事を引き受ける。いわば「何でも屋」だ。「これは自分たちの担当じゃない、と言っていたら、一向に前に進まない」

家族会、本人たちの交流の場も

洋野町の地域包括支援センターでは、家族が集い、思いを共有できる「すずらんの会」を月に1度開いている。本人たちが隔月で交流できる場も作った。

家族会にほぼ欠かさず顔を出す80歳の水沢トミ（仮名）は、20年近くひきこもり状態にあった40代の息子と2人暮らし。「前はどうしよう、どうしようと言っているだけだったが、100の心配が98や96になる。お互いの気持ちを軽くするために、みんなの声を聞くのがいい」と、少しすっきりとした表情を見せた。

次の課題は就労支援だ。町に働き口は少ないが、大光は「町民みんなが顔見知り」というメリットを生かし、地元企業に協力を依頼して歩いている。農業や漁業の繁忙期に、ひきこもっていた人を派遣できないか。そんな仕組み作りを思い描く。

経済的な面もあるが、大事なのは働くことで「ありがとう」と言ってもらうことだ。

「社会の中で傷つき、自己否定したり、卑下したりする人は多い。誰もが『生きていていい』と思える世の中にしないと。本当は引退する年齢だけど、土台をつくるまではね」。大光の言葉からは、町を変えていこうとする気概が伝わる。

市や町でもできることがたくさんある

２０１９年８月26日、岡山県総社《そうじゃ》市で初めての「全国ひきこもり支援基礎自治体サミット」が開かれた。参加したのは総社市の他、群馬県安中市、愛知県豊明市、滋賀県守山市、山口県宇部市。いずれもひきこもり支援に力を入れており、会場となった岡山県立大学の講堂を埋め尽くした約７００人が各市長の説明に耳を傾けた。片岡聡一総社市長は今後も持ち回りで開催を続けることを確認し、「ここにいる5人がスタートメンバーとなって全国に仲間を広げ、国に政策提言する集団を目指したい」と決意を述べた。

ひきこもりの人や家族の支援はこれまで、専門の相談窓口が置かれている都道府県や政令指定都市などの広域自治体が中心だった。しかし、もっと身近な市や町で新たなうねりが生まれつつある。

人口約6万9000人の総社市はもともと障害者福祉に力を入れていた。15〜16年に民生委員や児童委員らへの聞き取り調査で、ひきこもり状態の人が少なくとも約200人いることが分かり、17年4月に全国でも珍しいひきこもり支援センター「ワンタッチ」を開設。社会福祉協議会に運営を委託し、19年6月までの相談は延べ4829件、社会参加につながった人は27人を数える。

ひきこもりの長期化・高年齢化に伴い、貧困や介護といった複合的な問題を抱える家庭が今後、ますます増えることが見込まれる。厚生労働省はこれまでのような行政の縦割りをなくし、「丸ごと相談（断らない相談）」の窓口を設ける市区町村に補助金を一括交付するなど、財政支援をする方針を打ち出している。

サミットの仕掛け人で、社会福祉協議会事務局次長の中井俊雄（49）は「介護も昔は家族にとっては恥ずかしいことだと考えられていたが、介護保険制度ができて、デイサービスなどを利用するのが当たり前になった。ひきこもりも同じ。社会が変われば、ひきこもっていることが恥ずかしいことでも、だめなことでもなく、多様な生き方の一つになる」と強調する。そのためにサミットが「基礎自治体でもできることがたくさんあるんだということを一緒に考える機会になればいい」と期待を込めた。

■第4章■

就労に踏み出すとき

ひきこもり状態の人にとって「就労」はもろ刃の剣だ。働いている自分を周囲に認めてもらえれば自己肯定感が高まり、一歩を踏み出すきっかけになり得るが、その一方で、社会のレールに乗れずにいることに負い目を感じ、さらに追い詰められることもある。当事者の姿を通して、「働くことの意味」をあらためて考える。

ひきこもりは、一つの「経験」

「5年、10年、いや20年かかるかもしれない。社会の担い手を、今から育てないといけない」。2017年11月中旬、東京都内の会議室。企業やひきこもり支援の関係者が集うシンポジウムで、NPO法人「わかもの就労ネットワーク」理事長の森下彰が穏やかに、力強く語った。森下はビル管理を手掛ける中小企業の会長だ。

このNPOは、企業経営者約2200人で構成する東京中小企業家同友会の有志が中心となり、同年4月に設立された。少子高齢化と景気回復によって人手不足が深刻になり、東京では有効求人倍率が2倍超に。「求人広告を出しても、即戦力が集まらない」という中で、働きたくても働けない人たちに目を向けた。

ひきこもりの当事者には、就労に関する相談や職場体験の機会を提供する国の事業があるが、受け入れ先の企業を探すのが課題だ。そこでNPOは主体的に協力企業を開拓し、支援を必要とする人たちとつなぐコーディネーター役を目指している。一人一人の事情に合わせて就労体験からアルバイト、正規雇用へとステップアップを後押しし、ある企業でうまくいかなければ、他の企業を紹介することも可能だ。取り組みへの関心は高く、他県の経営者団体からも問い合わせが寄せられているという。

「同じ経営者同士であれば、受け入れに当たって配慮すべき点などを具体的に説明できる。行政による依頼より効果的です」と、NPO理事でデザイン・印刷業「まるみ」（東京都）社長の三鴨岐子は説明する。従業員10人の同社では、以前からひきこもり経験者の就労体験を受け入れ、数人を採用してきた。その1人、井原敬雄（36）は1日8時間、週4回働いている。IT企業で連日深夜まで仕事をして、身も心も疲れ果て、半年で退職。20代前半から10年間、ほとんど外出しない生活を送っていた。「そんなふうには見えないと言われますが、昔のように働きたいとは思わない。今の職場に満足しているんです」

三鴨は「ひきこもりは、一つの『経験』とも捉えられる」と話す。さまざまな背景を持つ後輩を理解し、面倒見が良い井原らに助けられているという。効率性を追い求め、困難を抱えた人を排除するのではなく、時間をかけて育てる。「それが担い手確保の近道ではないか。変わらないといけないのは企業の方だ」という思いを強くする。

「半歩」に寄り添う

ひきこもり当事者の就労支援には、自治体も乗り出している。高齢化率が全国トップの秋田県は16年度から「職親」事業を始め、一歩を踏み出すのは難しくても「まずは半歩を」と、就労体験への協力事業所を募った。

「今日も、ゆる〜く頑張ろう」。リサイクル業「秋田マテリアル」(にかほ市)の工場責任者、木内亮(41)は始業前に、同じ言葉を掛ける。同社で受け入れている20代女性への決まり事だ。職親事業は、生活リズムを整える他、働くために必要な体力を身に付け、人付き合いに慣れることが目的。対象は18歳以上で、本人の希望で3年まで利用できる。

この女性の就労体験は保健所と相談し、1日2時間、週2回で開始した。働いた経験はなく、初めての「職場」だ。地元メーカーなどの廃材を手作業で解体し、銅やアルミニウムといった素材に分別。仕事ぶりは丁寧だが、対人関係が苦手だった。

木内は「返事がなくても、声を掛け続けよう」と心掛けた。「今日はどうやって工場に来たの」「体調はどう」。女性が慌てずに答えられるよう、シンプルな同じ質問を毎日繰り返した。すると数カ月で変化が表れ、出退勤のあいさつや作業報告の声ははっきりとし、笑顔をのぞかせるようになった。就労体験は徐々に増え、1日3時間、週4回のペースに。女性から申し出たといい、木内の目には「少し自信がついたのかな」と映った。

社長の佐藤佑介は地域の担い手が減る中で、困難を抱えた人でも働ける環境が必要だと感じている。女性の歩みに目を細めつつも楽観はしない。「今は2合目ぐらい。次のステップへどう移るか、まだ見えない」。模索しながら寄り添い続けるつもりだ。

履歴書の「空白期間」がかせに

しかし、ひきこもりの生活から無事に就労できたとしても、それがゴールになるとは限らない。

山森明典（40 仮名）は大学を卒業後、アルバイトをしながら司法書士の資格取得を目指した。東日本の実家から東京都内の専門学校へ通ったが、成績が上がらず「自信をなくし嫌になった」。ちょっとしたつまずきのはずが、部屋から出られないまま、ずるずると時間が過ぎた。自室で過ごした24歳からの約6年間は、近くの親戚に生まれたばかりの子が、言葉を発したり、歩いたりして成長していくのとは正反対の時間だったという。外出はおろか、人との会話から入浴、歯磨きまで、「できないこと」ばかりが増えていった。

このまま一生を終えるのだろうか。やり直したいという思いと、こんな自分を受け入れてくれる場所はないという諦めのはざまで、自問を続けた。

「もうすぐ30歳になる。それまでに何とかしよう」。そう思い立ったのは、あるテレビ番組を見たのがきっかけだ。ひきこもりの人が入寮制の自立支援施設を経て、働き始める様子が紹介されていた。「ここなら何とかなるかもしれない」と考え、同じ施設に入ったが、職員の言葉に希望を打ち砕かれた。

「はっきり言って、社会に復帰できるのはほんの一握りだよ」

数カ月で別の施設に移り、職員の紹介で農林業関係のアルバイトを始めたが、人と長く接していない「浦島太郎の状態」で目の前の仕事一つにも慌ててしまう。会話がうまくできず、笑顔がつくれない。「年を食っている割には使い物にならない」「クビにしないといけない」と罵倒され続けた。しばらくたったら正規採用される約束だったが、半年で解雇された。

山森は自らを「誰よりも失敗したひきこもり」と表現する。いくつかの企業の面接も受けたが、履歴書には、自室にこもって働いていない、隠しようがない「空白期間」があった。「君、何で面接を受けに来ようと思ったの」「これって、うわさのひきこもり?」。説教、嘲笑……。言い返すことも、席を立つこともできなかった。

ようやく古本買い取り・販売の店舗に採用されたが、レジではお釣りを渡す手が震え、同僚から怒られた。一生懸命に働き周囲に認めてもらうことでブランクを埋めようとした生活は、2年半で幕を閉じた。

働いても、解消されないつらさ

山森が再び挑戦しようと決意したのは34歳の春だった。東日本の実家を出て、東京都内のゲストハウスに住んだ。期間は3カ月。「一度くらい世の中に認められたい」とラストチャンスの覚悟だった。

過去にひきこもりをなじられた経験がトラウマのようになっており、「しらふでは怖い」と、めったに口にしない酒をあおって面接に臨んだこともある。ほどなく職を得たのは都内の介護施設で、深刻な人手不足もあり、半年を過ぎると周りも少しずつ働きぶりを評価してくれるようになった。別の施設への転職を機に契約社員から正社員になり、都内で1人暮らしをしながら40歳を迎えた。「自活できているのが信じられない」。そう語る一方で、「いつ元の生活に逆戻りするか分からないとの不安は常にある」と打ち明ける。

つらかった時期はいくらでもあるが、「その中でも一番」と山森が振り返るのは、ひきこもりから脱し始めた頃だ。山森は都内で開かれたひきこもりの当事者会に参加し、互いの経験を分かち合った。だが介護施設で働き始めた後に再び会に参加すると周囲の態度が一変し、「働けているなら、当事者じゃないですよね」「もうここに来なくていいんじゃないですか」と見えない一線を引かれた気がした。勤務先の介護施設でも、自分の過去やプライバシーについて、いつ聞かれるか分からず、同僚との飲み会には参加できない。「どこにも足の置き場がない」状態に陥った。

自宅にひきこもり、仕事にも就いていなかった「空白の期間」は、埋めることも消すこともできない。一方、当事者が集まる会では、周囲に気兼ねし、働いていることを隠す人もいる。

「外に出て働いていても、解消されない生きづらさがあるんです」

山森はそうした人たちが集まれる会を、仲間数人とともに開くようになった。自らの経験を役立てられないかと考え始めている。

ネットオークションという新しい「仕事の形」

戦後のめざましい経済成長は、多くの「企業戦士」らによって支えられてきた。大学や高校を卒業後、企業などに帰属し、自らのアイデンティティーを確立することが「社会人」になるための第一歩とされた。そうしたレールに疑問を抱き、葛藤する当事者もいる。

自宅から出られない人に手紙を送り、寄り添う活動をしているNPO法人「レター・ポスト・フレンド相談ネットワーク」（札幌市）は17年6月、インターネットのオークション事業を始めた。在宅でできる新しい「仕事の形」を考えようという試みだ。壁掛け時計300円、ハイパワー除湿器800円……。A4判サイズの紙に品目と落札額が並ぶ。ひきこもり経験がある理事の吉川修司（50）は「まだまだビジネスと呼ぶにはほど遠いですよ」と控えめに話した。

吉川は仕事を辞めてから部屋にいる時間が長くなり、集めていた映画雑誌や本をネットのオークションに出品するようになった。その経験が事業のヒントになった。協力を買って出たのは同市で会社を営む屋代育夫（67）。社員はおらず、庭木の剪定《せんてい》や除雪の注文を受けると、自宅にひきこもっている20～30代の男性に「やってみないか」と声を掛けていた。

オークションの仕組みはこうだ。屋代が知り合いや得意先から不用品があると聞けば、連絡先を登録しているひきこもりの男性らに回収・運搬を依頼。それを吉川が引き取り、写真や紹介文、落札希望価格を添えて出品する。ネットのIDやパスワード、入金口座はレター・ポストが管理し、売り上げは当事者に配分する。

約4カ月間に落札されたのは34品で総額約4万3000円。まだ手探りの段階だが、理事長の田中敦(52)は「小さくても一人一人が役割を担うことで、自分の存在を実感できる。課題を見つけ、行政への提言などをまとめたい」と手応えを感じている。

一方、屋代をかき立てているのは、ある使命感だ。かつて学習塾を経営していた時のこと。不登校の子どもが集まるフリースクールで、高校2年の男子生徒がアルバイトをしたいと言ったが1日で挫折し、そのままスクールにさえも来なくなった。人に不慣れで、自信を失ったのだろうか。

「自分も脱サラをして自由に生きてきた。社会と相いれなくても、それぞれに別の『宇宙』があっていい。寛容さのない世の中を作ったのは、私たちの世代の責任です」

スタッフとして手伝うことで心が軽く

レター・ポスト理事長の田中が、不登校や高校を中退した子どもたちの電話相談を始めたのは1992年だった。多い日には50件ぐらいかかってきたが、途中で切れたり、終始無言だったりすることもあった。悩みを抱えているにもかかわらず、受話器を握ると声を上げられない人の存在に気付いた。

「手紙ならゆっくりと時間をかけて、思いをつづってもらえるはずだ」と考え、文通による支援活動に切り替えることにした。だが返事を書くスタッフが足りない。

そんなある日、電話をかけてきたのが、新聞記事でレター・ポストの活動を知った吉川だった。当時30歳を過ぎたばかりで、運送関係の職場の同僚から心ない言葉を浴びせられ、「仕事をできない自分が悪い」と繰り返す吉川に、田中はある提案をした。

「良かったら、手伝ってもらえませんか」

吉川がスタッフに加わると早速、５年間ひきこもりを続けている20代の女性から手紙が届いた。小学生の時にいじめに遭って以来、人に気に入られるように生きてきたこと。家族に迷惑を掛けている自分が嫌で嫌でたまらないこと。叫びにも似た文章は、こう結ばれていた。〈ここから出たい〉

吉川は何度も読み返し、ワープロで文字を打ち始めた。

〈ひきこもりの期間は次のステップへの助走段階としてとらえ、立ち止まって自分を見つめ直す作業をしていると考えてほしい〉

自身も仕事がつらく、先の展望も開けなかったが、手紙を書いてくれた人がどんな言葉を掛けてほしいのかを考えるうちに少しだけ心が軽くなった。女性から間もなく、感謝の言葉が届いた。

吉川は2003年に仕事を辞めた後、月に数回、レター・ポストの会報作りやひきこもりの人が集う自助会の運営を手伝うようになった。NPO法人化後は理事になったが、活動はあくまでボランティアとして続けている。

50歳「自分は何者か」が分からない

札幌市のマンションに1人暮らしの吉川は17年、定職に就かないまま50歳の〝大台〟を迎えた。10月になると朝晩はめっきり冷え込むが、節約のため暖房はなるべくつけず、亡くなった両親が残してくれた蓄えによって何とか生計を立てている。

吉川が大学を卒業したのはバブル絶頂期。周りが次々に企業から採用内定をもらう中、就職活動は一切しなかった。母が病気で亡くなったショックもあるが、会社組織に属する自分の姿を想像できなかった。思えば幼稚園の頃から集団になじめず、小中学校では1人でいることが多く、安心できる居場所は図書室だけ。登校するふりをして、マンションの階段に一日中、身を隠していたこともある。

仕事を辞め、日中、家にいると、父に「これからどうするんだ」「人生をどぶに捨てているんだぞ！」と大声で怒鳴られた。公務員として定年まで勤め上げた昭和一ケタ世代。その父も11年に他界した。

吉川はレター・ポストのボランティアをしながら、39歳の時に国の就労支援拠点「地域若者サポートステーション」に足を運び、6カ月のプログラムを受けた。「目の前に迫る40歳という年齢が、ものすごく大きなプレッシャーだった」。だが就労という「枠」にはめられそうな気がして、体が拒否反応を示した。

「今、何をやっているの？」。友人や親戚に聞かれるたびに、吉川は「自分は何者なのか」が分からなくなるという。

レター・ポストの活動にやりがいは感じているが、父が望んでいたのは、一般の企業で働き、賃金をもらうという〝普通の〟生き方だ。

「この年齢になるまで何度もチャンスはあったのに、がむしゃらになれなかった」。わだかまりを抱えたまま、自らの足跡を見つめ直している。

氷河期、30万人を正規雇用

ひきこもり当事者の中には、1990年代半ば～2000年代前半の就職氷河期を経験した人もいる。現在は30代半ばから40代半ばで、バブル経済の崩壊と景気の後退、雇用の悪化によって、多くの人が高校や大学を卒業しても就職先を見つけるのに苦労した。「100社近い面接を受けたが、一つも採用されなかった」という話も珍しくない。政府は2019年6月に閣議決定した「骨太の方針」で、就職氷河期世代の集中支援を打ち出した。

日本では長い間、新卒一括採用、終身雇用が一つのモデルとされたが、バブル崩壊後は不安定な非正規雇用が増加。政府は氷河期世代のうち、正社員で働く希望がかなわないでいるフリーターや長期無業・ひきこもりの人を合わせて約100万人と見積もり、正規雇用者を3年間で30万人増やす目標を掲げた。

具体的な施策は、①失業者や非正規で働く人を正社員として雇った企業への助成金の拡充　②全国のハローワークのうち約60カ所に専門の窓口を新設し、担当者が就職相談から職場定着まで一貫して支援　③長い間仕事に就いていない人やひきこもり状態の人に対して、個別に訪問して相談に乗る「アウトリーチ支援員（仮称）」を各市に配置——など。

「遅きに失した」との批判もある中で、政府がこうした施策に取り組むのは、少子高齢化に伴う労働力不足の解消とともに、中高年のひきこもり対策が待ったなしだからだ。

一方、ひきこもりの当事者や家族からは「過去の過ちを繰り返すことになるのでは」と懸念する声が上がっている。国は06年度から若年無業者への支援策として、全国に地域若者サポートステーションを設置し、30代までを対象に、履歴書の書き方やビジネスマナーといった初歩的なものから、対人関係に慣れるための共同生活、企業と連携した就業体験まで幅広い支援を行ってきた。しかし短期間での成果を求めるあまり、就労へのプレッシャーや年齢制限などによって支援の網からこぼれた人が、さらに長期間ひきこもる結果を招いた。

当事者の中には、吉川のように職場でのパワハラやいじめがトラウマとなり、ひきこもり状態になった人もいる。一方的に就職先とのマッチングを図るのは、逆効果になることもある。こうした人たちが求めているのは「就労の一歩手前」の支援だ。いきなり就労につなげるのではなく、まずは安心して過ごすことができる居場所を作るなど、他人との交わりによって、少しずつエネルギーを蓄えられるように、丁寧な取り組みが必要となる。

■第5章■

ひきこもる女性たちの苦悩

国の調査では、ひきこもりの人の大多数を男性が占めている。自助会などでも女性の参加者は圧倒的に少ない。その背景には何があるのか。近年、各地に広がりつつある「ひきこもり女子会」で、周囲から見過ごされてきた当事者たちの本音を聞いた。

「死のうと思った」の言葉にすすり泣き

まだ蒸し暑さが残る2019年9月中旬、大阪府豊中市にある文化センターの会議室に約50人の女性が集まっていた。ドアに張られた紙には「ひきこもりUX女子会」の文字。足を踏み入れると、花柄のワンピースやピンクのバッグが視界に飛び込んできた。ストレートアイロンやコテで丁寧にセットされた髪、きれいに薄化粧した顔も目立つ。張り紙がなければ何の集まりか分からないほど、そこにいたのは街中で見掛けるような「普通」の女性たちだった。運営しているのは、ひきこもり経験者らでつくる一般社団法人「ひきこもりUX会議」（東京）で、こうした女子会を16年以降、全国各地で開いている。参加者は当事者や家族、支援者などさまざまだ。

この日はまず、UX会議の代表理事を務める恩田夏絵（33）が前に立ち、自身の体験を語った。参加者は時折うなずきながら聞き入っていたが、恩田が「20歳までに死のうと思っていた」と言うと、誰かのすすり泣く声が聞こえてきた。他にもハンカチで口元を押さえたり、緊張した顔で前を見つめたりする人たちがいた。平然としているように見えても、それぞれが人知れず生きづらさを抱えている様子が垣間見えた。

続く当事者限定の交流会では、メンタルヘルスや人間関係など関心があるテーマごとに班分けし、約1時間半にわたって思いや経験を語り合った。家族や支援者は別室でグループワークを行った。

終了後、交流会に参加した女性に「話を聞かせてもらえませんか」と声を掛けてみた。大阪府に住む30代後半の佐々木美絵（仮名）。透き通るような白い肌に、まっすぐな黒髪とくりっとした大きな瞳が映える。一瞬表情がこわばったが、小さな声で「いいですよ。うまく話せるか分かりませんけど」と応じてくれた。

隣に立っていた60代の山田佳子（仮名）は白髪交じりで黒っぽい服を着ていた。30代前半の佐藤穂波(仮名)はショートヘアではつらつとした雰囲気が印象的だ。3人ともこの日、初めて女子会に参加し、同じ班で出会ったという。

「日を改めて、みんなでお茶会をしませんか」。20代の記者がそう提案すると、3人は「外に出る良い機会にもなるから」と承諾してくれた。

バリバリ働くことも、結婚することもできなかった

10日ほどたった平日の午後、女子会の続きのために、記者も含め4人で集まった。誰からともなく「静かな場所だと、周りに会話を聞かれていないか気になる」との意見が出され、家族連れやスーツ姿のサラリーマンでにぎわう豊中市内のファミリーレストランに向かった。「ドリンクバーなら、長時間粘れますね」。〝体育会系〟でサバサバした感じの穂波が、笑いながらボックス席に腰を下ろし、取ってきたジュースを一口飲むと、ひきこもるようになった経緯を語り始めた。

女子校に通っていた高1の夏、教室に入って「おはよう」と声を掛けると、いつもとは何かが違った。誰もあいさつを返してくれず、視線も合わせてくれない。前日にささいなことで友人とけんかをしたのがきっかけで、自分の悪口が広められてしまったようだった。「普段はちょっとやんちゃな子や、おとなしい子とも仲良くできるんですよ」という穂波は、その日を境に次第に学校へ行かなくなり、自宅でテレビを見て過ごすようになった。つらい経験を話す時も背筋を伸ばし、口調は淡々としている。

「食べ物を飲み込めなくなってしまって。おなかは鳴っているのに、目の前の食パンを

どうしても口に入れられないんです」という穂波に、最年長の佳子が「分かります。私も何を食べても砂の味がする時期がありました。あと朝起きると『ああ今日も長い一日が始まるな』って、体が重くなるんです」と相づちを打った。穂波と同じ30代で〝慎重派〟の美絵も「体がだるいんですよね。熱がない風邪のような感じ」と応じた。

ずっと聞き役だった佳子がせきを切ったように話し出したのは、話題が結婚に及んだ時だった。短大を卒業し、物流会社の事務職に就いたのは石油ショックがあった1970年代。女性の職場進出は今ほど進んでいなかったが、両親は共働きで「父にはいつも『結婚しないなら、職業婦人になりなさい』って言われていたんですよ」と打ち明けた。だが残業がつらく、会社の居心地も悪かったため約2年で退職。何度かお見合いを重ねたものの「この人だ」と思える相手には巡り合えなかった。「バリバリ仕事をするか、結婚するか、どっちかができれば良かったんですけど、私はできなかった」。その後も仕事を転々とし、両親が亡くなった今は、遺産や貯金を切り崩して暮らしている。

「2人はまだ若いから希望はあるけど、私はもう切り替えて、1人でできることをやっていきたい」と佳子。話を振られた穂波は「夫婦って、たぶん親友みたいな感じですよね。その人にとって一番の存在というか。私もそうなりたい。誰かに頼られたいからなのかなあ」と目を輝かせた。美絵も「結婚したいです。安定したいから」とぽつりと言った。

「家事手伝い」に違和感

30代の2人はどんな人生を歩んできたのだろうか。言葉を一つ一つ確かめながらゆっくりと話す美絵は、「昔から人と関係を築くのが得意じゃないんですよね。自分を殺して生きていた時期もありました」と切り出した。

特に中学時代は、複数人で特定の人を無視するいじめがはやり、窮屈さを感じていた。ターゲットになった子と話していると、いじめを主導する生徒に責められた。「よくあるじゃないですか、女子同士特有というか……」。16歳で専門学校を卒業し美容院で働いたが、上司に仕事のことで注意されると「必要とされてないんやな」と、人一倍落ち込んだ。半年で辞め、その後も何度か仕事に就いたが、いずれも長くは続かなかった。

快活に見える穂波は、いじめが原因で高校を中退した。通信制のサポート校や専門学校に通う中で友達もでき、少しずつ自分を取り戻したように思えた。ところが、専門学校時代にペットショップで働いた時、上司に「まだその作業をやっているの」と苦笑されたのをきっかけに、再び殻に閉じこもってしまう。しばらくたってから就いた病院の事務職では、他の女性職員が会話しているのを見て「陰口を言われている」と錯覚した。翌日仕事を辞めたいと電話し、ひきこもりがちな生活に戻った。

今は２人とも仕事をしていないが、美絵は日頃からなるべく夕飯の買い出しに出掛けるように心掛けてきた。「レジの店員だけやけど、ちょっとでも社会との交流を持たないと、もっとだめになるんじゃないかなと思って」。穂波は専門学校を卒業してから洗濯や掃除を担当し、仕事で忙しい母親に感謝されるという。

日本には「男は外で働き、女は家庭を守る」という考えが根強く、女性が家にいても「家事手伝い」と見られることが多かった。女性のひきこもりが周囲に気付かれにくいのは、そうした価値観のせいかもしれない。しかし、１９８６年に男女雇用機会均等法が施行されてから30年あまりがたち、25〜44歳の女性の４人に３人が就業するようになった。美絵と穂波は「家事手伝い」と言われてもぴんとこないし、２人とも、とにかく外で働かなければと自分を責め続けてきた。「仕事も結婚も出産もしていない自分には、価値がないと感じるんです」。美絵は小さくため息をついた。

母親との共依存も

話はさらに進み、親との関係になった。

穂波は自分がなぜ高校へ行かなくなったのかを両親に話していない。それでも父は高校生の時から、何も言わずに外へ連れ出してくれた。休日に博物館へ行ったり、中学時代の友人を交えて出掛けたりしたこともある。「6割は、何も聞かれなくて楽だなという気持ち。4割は、内心はどう思ってるんやろという気持ちだった」。父のことは好きだが、自分の中にある葛藤や怒りをぶつけ、心から甘えられる相手は、やはり母親だ。母の首を絞めたり、怒鳴りつけたり……目の前で薬を過剰摂取したこともある。生活費を頼り切っている申し訳なさの半面で、「こんだけしんどいねん、分かって」という気持ちがあふれ出てしまう。家で暴れるたびに自己嫌悪に陥るが、母は「生きて、そこにいてくれるだけでいい」と繰り返し励ましてくれる。

現在60代の佳子は、18年夏に亡くなった母と、いわゆる「共依存」の状態にあった。お見合いがうまくいかなくても「家にいればいい」と言ってくれた母は、佳子が40代半ばに差し掛かると態度が豹変した。「いつまで家にいるの。出て行け」「あんたなんか、結婚できるわけないやろ」。病気になった父の介護で疲弊していたのか、家では怒鳴り声が響くようになった。「私を家に引き留めていたのは母なのに、最後にしっぺ返しを食らった」。それでも晩年に母を介護施設に預けたことについて「やっぱり自分で面倒を見てあげたかったし、もっと何かできなかったかなという後悔もある」という。

美絵も数年前に父が亡くなり、今は母と2人暮らし。生活を支え、自身が一歩踏み出すまで待ってくれている母には、感謝している。ただ19年の夏に20年越しで「ひきこもった理由」を話すと、返ってきたのは「そのうち働けるようになるやろ」という軽い言葉だった。テレビ番組でひきこもりの特集を見ていた時は、「理解できんわ」とつぶやいているのが聞こえた。「私のことをきっと理解していないんやろな」。あまり感情を表に出さない美絵が少し声を震わせた。

退席・休憩OKで気が楽に

生まれ育った環境も、たどってきた道のりも違う3人だが、その話からは女性特有の悩みや心の痛みが浮かび上がる。3人は、どのように「女子会」につながったのだろう。

穂波にとって転機になったのは、若者支援に取り組むNPO法人との出会いだった。生きづらさを抱えた人が足を運ぶことができる「居場所」が偶然、自宅の近くにあり、何をするでもなく、ぼーっと過ごしたり、お菓子を食べたり、職員と話したりした。境遇が似ている仲間に出会い、職員に誘われてイベントや勉強会にも出掛けた。女子会のことを教えてくれたのもこのNPOだ。今はNPOの事務所で月1回、パンを販売している友人を手伝っている。

佳子は母から暴言や暴力を受けた時、地域の男女共同参画センターに電話で助けを求めた。外部の人に相談して初めて、母と共依存状態にあることを自覚し、同じ悩みを抱える当事者の会合に参加するようになった。ひきこもりの集まりに行くようになったのは、自分の気持ちを分かってくれる人がいるかもしれないと思ったからだ。

美絵はまだ自分に合う支援機関が見つかっていない。32歳の時、採用面接のアドバイスを聞こうと自治体の地域若者サポートステーションに出向いたが、男性職員に「大丈夫ですよ。僕も半年働いていない時期がありましたから」と言われ失望した。「たった半年やん……」。誰かに期待しているわけではないが、頼っても何にもならないと思った。

女子会を知ったのは、「女性」「ひきこもり」とインターネットで検索したのがきっかけだ。同性同士なら、互いに共感できることがあるのではないかと望みを掛けた。事前申し込み不要、退席や休憩はいつでもOKという説明書きで気が楽になった。「当日しんどかったら行くのをやめればいいし、途中で帰ってもいい」と自分に言い聞かせ、会場に足を運んだ。人と話す時は緊張して泣きそうになるが、終わった後は、もっとたくさんの人と話したかったと感じる。

理解してくれなくていい、批判はしないで

いつの間にか日が暮れ、話し始めてから5時間が過ぎていた。「電車やバスの時間があるので、そろそろ終わりにしようか」。そう言いながらも、3人にはまだまだ聞いてみたいことがたくさんあった。

最後に、記者がどうしたら生きやすい社会になるのかと尋ねると、3人は「うーん」と考え込み、しばらく沈黙が流れた。

佳子は、ひきこもりの問題が社会で注目されても、すぐには解決につながらないと感じるという。当事者が周囲に助けを求めるには、多くのエネルギーを要するからだ。「気軽に相談できる人や場所があれば良いけど、そこまで行くのに勇気がいるんですよね。私はずっと切羽詰まっていて、支援の情報を集めることもできなかった」

それまであまり口数が多くなかった美絵が、ためていた思いを吐き出すように言った。「テレビで取り上げられるのは男性か、ひきこもりから脱した人の成功体験ばかりですよね」。イメージが偏りがちなことに違和感を抱くとともに、社会からの少し冷めた視線も感じるという。「家にいると、こんなしょうもないことでひきこもったらあかんやん、頑

張らなあかんやんって、もう一人の自分の声がするんです。そういう『普通』の考えも自分の中にはあるんです。でも、どんな人だってひきこもりになる可能性があるし、いったん外に出られるようになっても、私みたいに何かにつまずいて、また家に戻ってしまう人も多い。ひきこもりが終わることってないんじゃないかな」

目を潤ませながら言葉を振り絞る美絵を見て、穂波が静かな声で語り掛けた。「分かります。周りに理解してもらえなくていいけど、批判はしないでほしいですよね」

4分の1は配偶者やパートナーと同居

「ひきこもりUX会議」は2017年、女性のひきこもりの実態調査を実施している。各地で開いた女子会やインターネットなどを通じてアンケートを取り、約370人の女性が回答。うち92・9%がひきこもりの経験があった。「常に生きづらさを感じている」と答えたのは68・2%、「常に自分のことが嫌い」は38・1%で、自己肯定感の低さが浮き彫りになっている。また「ひきこもりは独身」という社会的なイメージと違い、回答者の4分の1は既婚者で、配偶者やパートナーと同居している。

生きづらさを感じている人に「どうなったら生きづらい状況が改善したと思えるか」と

質問したところ、「経済的に安定、自立する」が46・8％と最多で、25・5％は「気持ちを受け止めてくれる人が現れる」と答えた。「結婚する（事実婚含む）」は3・5％、妊娠・出産は0・9％、就職は4・8％。回答者の多くが結婚や出産、就職をいわゆる「ゴール」と捉えておらず、安定した経済状況や信頼できる人間関係を求めていることが分かる。

インタビュー

女性が「ひとりじゃなかったんだ」と気付ける場が必要

林 恭子さん・ひきこもりUX会議代表理事

体が「生きること」を選んだ

〈ご自身の体験を聞かせてもらえますか〉

高2で不登校になり、食事も取れなくなりました。検査では悪いところはありませんでしたが、このままでは自分がつぶされてしまうと感じていました。高校を辞めたら「未来を失う」と思っていましたが、結局中退しました。当時は不登校という言葉は一般的ではなく、相談できる場所も一切なく、心身ともに追い詰められました。

〈何が回復のきっかけになったのでしょうか〉

16歳から11年間落ち続け、最後に底についたのが27歳の時でした。アルバイトをしていましたが、骨と肉をそぎ、それを現金と換えているような気持ちでした。ある日、限界が来て立ち上がれなくなり、そのまま丸2年間、ひきこもりました。「私みたいな人間が生きていける場所はこの社会にはないだろう」「死ぬしかない」と思った頃に、ある映像が浮かびました。目の前に生と死の二つの道があり、自分の足の爪先がちょっとだけ「生きる」という方向を向いている。「体が生きようとしている」と感じ、何のために生きるのかなどと思わずに、それについて行こうと思うようになりました。今もその感じは残っています。

〈なぜ生きていこうと思えたんでしょうか〉

信頼できる精神科の先生との出会いがありました。学生時代に理不尽な校則や厳しい体罰に疑問を感じたり、満員電車に乗れなかったりしたのですが、それを話すと、先生は「生き物としてはあなたの感覚の方が正しいんじゃないの？」と言ってくれました。日本語がやっと通じたという気持ちで、自分の感じていることを大切に思えるようになりました。

もう一つは当事者たちの集まりに行くようになったことです。そこにはひきこもりだけでなく、さまざまな「マイノリティー」と言われる人たちもいました。どんな生き方でもいいんだとようやく気付くことができ、楽になりました。

いじめや性被害、暴力で「男性は苦手」に

〈女性のひきこもり支援を始めた理由は〉

自助会はたくさんありますが、ほとんどは男性しか来ていないのが気になっていました。「ひきこもりUX会議」という当事者団体で、女性だけの自助会を開いたら参加しやすいんじゃないかという話になり、東京都内で始めました。ふたを開けてみたら、ものすごい数の女性たちが来ました。

〈なぜ、女性は自助会に参加しにくいのでしょうか〉

私たちが実施したアンケートや調査では、7割近くの人が「男性が苦手」だと答えています。子どもの頃、いじめや性被害、家族からの暴力を男性から受けている人が多いです。そもそも女性は家事手伝いをしている人もいるので、本人が

ひきこもりと思っていなかったり、本人が苦しんでいても、家族がそれを理解しなかったりすることも背景にはあります。

〈女子会では何をするのですか〉

まず、第1部で私たちや参加者の体験談を聞いてもらいます。私たちは支援者ではなくて、あなたたちと同じだというメッセージを送り、一緒にこの場をつくってほしいことを伝えます。第2部は当事者だけの交流会で、発達障害や主婦、メンタルヘルスといったいろいろなテーマについて4〜5人ずつで話します。

〈女性の当事者にはどんな悩みがありますか〉

過保護、過干渉など母親との関係で悩む人は多いです。それからメンタルヘルスやホルモンバランスといった身体的な悩みについても話します。みんな悩みを解決するための情報がありません。

〈参加者の内訳は〉

10〜60代まで幅広く、最近は40〜50代の人が増えています。子育てや人付き合いに悩む主婦の方もおり、ほとんど外出できず、深刻な場合があります。たまま結婚して、子どももいるけれど、「役に立たないのに生きていていいのか」と自分を責めています。生きづらさを抱えているという点ではひきこもりと同じです。

〈生きづらさとはどういうことでしょうか〉

自分が考えていることが周囲とかみ合わない孤立感や、友人、職場での人間関係のトラブル、いじめの後遺症などもあります。共通するのは徹底した自己否定感です。

自分を肯定していくには、とにかく「ひとりじゃなかったんだ」と気付くことのできる場があることが大事です。女子会が始まる時はぴーんと空気が張り詰めていますが、終わる頃には、みんなが笑顔で帰って行く。あの落差には毎回感動します。「生きていていい」と思えて初めて、前に進め、仕事を始めたり、支援につながったりできます。私たちは何もせず、見ているだけです。

〈当事者の力が引き出されていくのですね〉

そういうことです。「支援をする側」と「される側」という固定した関係は、支援を難しくします。当事者はそれぞれに力があるので、対等な立場で、それを発見して、生かしていくことが大切です。

プロフィール
はやし・きょうこ　1966年東京都生まれ。一般社団法人ひきこもりUX会議代表理事、新ひきこもりについて考える会世話人などを務める。現在は当事者・経験者仲間たちと活動中。

■第6章■

全国に広がる家族会

ひきこもりの問題が深刻化する背景には、親が「子育てを間違えた」と自らを責め、過剰な責任を負っている現実がある。家庭だけで抱え込まず、苦しみを分かち合うことが重要だ。

たった1人の〝挑戦〟で始まった家族会

ＮＰＯ法人「ＫＨＪ全国ひきこもり家族会連合会」は約40都道府県に支部を置き、約３６００家族が加入する。活動理念は「ひきこもりを抱えた家族・本人が社会的に孤立しないよう、全国の家族会と連携し、行政に働きかけながら、誰もが希望を持てる社会の実現を目指す」というものだ。その歩みは、たった１人の〝挑戦〟から始まった。

「まるで小説に出てくるような男だった」。埼玉県岩槻市（現・さいたま市）で情報誌を発行していた中村進は、後にＫＨＪを立ち上げることになった奥山雅久（故人）の第一印象をそう語る。

トレードマークはあごひげとつえ。14歳の時に骨肉腫で片脚を失い、肺にもがんがあったが、精悍《せいかん》な顔つきに独特のオーラをまとい、酒やたばこをやめろという医師の言葉にも一切耳を貸さなかった。１９９０年代が終わる頃、50代半ばだった奥山がぽつりと言った。

奥山雅久（中央）は国にひきこもり支援の要望書を提出した（2000年10月）

「息子の暴力が激しいので、妻と家を出た」。20代の長男は7年近く自宅にこもっていた。
２０００年には新潟の少女監禁事件、西鉄バスジャック事件が立て続けに起き、「ひきこもりは犯罪予備軍」という負のイメージが作られ、家族らを追い詰めた。だが親や家族は世間体を気にして声を上げられず、少人数の集まりが各地に点在するのみだった。「これはもはや一家庭の問題ではない」。奥山はあえて実名を公表し、地元の県や市に支援を求めたものの、門前払いが続いた。
岩槻市議だった平野祐次は奥山に頼まれ、国会議員や首長、県議らを説得して回ったが、反応は鈍かった。「不登校の対策でさえ、行政には『１％に満たない落ちこぼれのためではなく、成績優秀な子に予算をつぎ込むべきだ。将来社会の役に立ってくれるから』という冷ややかな空気があった。ましてやひきこもりの人はずっと社会に出てこないし、親の育て方が悪いだけだと……」
奥山は２０００年10月、厚生省（当時）に要望書を提出し、「救済は皆無に近い」と訴えた。こうした活動がテレビや新聞で報じられると、同じ境遇にいる人たちが声を上げ始め、中村の事務所に設置していた連絡用ファクスがせきを切ったように鳴り出した。全国から手紙も相次ぎ、1日に100通を超えることもあった。「国を動かすには、この声を束ねて突き付けるしかない。これは俺の天命だ」と奥山は送り主らを訪ね歩き、家族会への参加を呼び掛けていった。

娘の不登校きっかけに、居場所を開設

奥山が立ち上げた家族会には、全国から参加者が相次いだ。2002年には約3000家族にまで膨らみ、発足後初の全国大会を東京・千代田区公会堂で開催した。その中には伊藤正俊（65）の姿もあった。

伊藤は、良質のブランド牛で知られる山形県米沢市で、牛乳販売店を営んでいた。仕事は忙しく、バスケットボールの社会人チームにも参加していたため、夜はほとんど家にいなかった。小4の娘が夏休み明けから学校に行かなくなったのをきっかけに、1991年に不登校の子を持つ親同士でサークルを結成した。娘は「寂しかった」と打ち明け、中学、高校では元気になった。

これで一件落着のはずだったが、伊藤の中には釈然としない思いが残った。「学校に行かないのは娘自身の問題。だが私は世間体や自らの価値観に縛られ、娘を責めてしまった」。

親たちの学びの場を続けるうちに「子どもが死にたいと言っている」「10年以上家にいる」といった相談が舞い込み、不登校の先に、さらに深刻な事態があることを知った。

東京の全国大会から戻った伊藤は、ひきこもりの問題に本格的に取り組むため、米沢市内に一軒家を借り「体と心のセンター（から・ころセンター）」を開設した。

厚生労働省は当初、「ひきこもりは障害や病気ではない」と後ろ向きだったが、家族らの訴えを受け、支援のためのガイドラインを作成し、対応に乗り出した。都道府県と政令指定都市は09年度から専門の相談窓口「ひきこもり地域支援センター」を設置するなど、行政の対策も少しずつ進んでいった。16年にKHJの共同代表となった伊藤は、から・ころセンターをNPO法人化し、家族や若者の居場所を提供している。

がんを患っていた奥山は、家族会が各都道府県に広がるのを見届けると、11年3月に66歳で息を引き取った。「声を上げられずにいる家族らの思いを国に届けたい」との願いはかなったが、長男とは最後まで分かり合うことができなかった。

「から・ころ」は貴重な毒出しの場

から・ころセンターが事務所を置く2階建ての借家には毎月1回、ひきこもりの子を持つ親が集まる。室内には若者たちのためにギターや漫画、テレビゲームなどがある。

西澤博之（34）は小学生の時に落ち着きがないとされ、担任の隣の席で1年間授業を受けた。母親の珠実（60）は「親の愛情不足だ」という教頭の一言に打ちひしがれた。当時はまだ発達障害という言葉があまり知られておらず、珠実は「自分のしつけが悪かったのだ」と思い込んだ。博之は中学で再び厳しい担任に当たり、自宅にこもりがちに。父親の博（60）は「焦っても仕方がない」と割り切ったが、内心は「仕事にかまけて現実から目をそらしていた」という。

親たちにとって、「から・ころ」は貴重な「毒出しの場」だ。他の家族とお茶を飲みながら愚痴を言い合い、悩みを聞いてもらう。クリスチャンの珠実は教会で「親が安心することが、子の平安につながる」と教えられ、自分を責めるのをやめた。

博之はその後、「から・ころ」が提供する就労支援の一環として菓子工場で働き始めた。得意のパソコンを生かし経理を担当。失敗することもあるが、夫婦は「だいぶ成長したね」と必ず前置きをしてからアドバイスする。頭ごなしに否定されることが多かった博之の表情に明るさが戻った。

神保裕子（59）の目下の悩みは、長男（31）がなかなか口をきいてくれないことだ。神保は長男が小6の時に離婚した。長男はいったん夫に引き取られた後、高校入学を機にアパートで神保と2人暮らしを始めた。だが1カ月で登校しなくなり、そのまま中退。親戚からは「学校に行かせないでどうする」「住み込みの自立施設に入れた方がいい」などと厳しい言葉が浴びせられた。長男は中学生の時に「お母さんと住みたい」と言ったことがあったが、卒業まで待ってもらった。その頃、夫には再婚相手がいたため、居心地が悪かったのかもしれない。神保はノートに「あの時、望みを聞いてあげられなくてゴメンね」と思いをつづり、テーブルに置いた。

昼夜逆転の生活だった長男に変化が表れたのは、「から・ころ」から自宅訪問に来た男性スタッフとゲームやサッカーの話で打ち解けたのがきっかけだ。その後、調理師の資格を取り、今は隣町の病院で入院患者らの食事を担当している。神保は「私にはこれしかできないから」と、毎朝、心を込めて弁当を作る。「友だちとスノボに行くって話していたよ」。他の親から長男の様子を伝え聞くと、うれしさともどかしさが交じる。いつか自分にもそんな話をしてくれる日がくるだろうか。

家族会で親の本音を知る

「から・ころ」で親の思いに触れ、救われたひきこもり当事者もいる。寒河江《さがえ》亮子（43）

はひきこもりの家族会を開いていると新聞記事で知り、〝殴り込み〟をかけた。30歳の時だ。「頭の固い人たちが『困った、困った』って。何を話しているのか見てやろうじゃん」と思ったという。

だがそこで思わぬ歓待を受ける。「親たちも、子どもが何を考えているのか知りたかったんですよね。『よく来た、よく来た』って。得意になってべらべらしゃべっちゃった」

寒河江が自宅にひきこもったのは大学1年の9月。きっかけは母の突然の死だった。

母はしつけに厳しく、小学校のテストで98点を取っても「どうして100点じゃなかったの？」と言うような人だった。中学では音楽や漫画に興味があったが「今はそんなことをする時期じゃない。高校に入ったら好きにしなさい」と注意され、高校に進学すると、今度は「大学生になったらね」という。弟が2人おり、共働きの両親に心配をかけまいと、いつしか母の「理想像」になることだけを必死に追い求めていた。

その母が進行性の胃がんで亡くなった。自分がなくなってしまったようで、朝、ベッドから起きられない。アダルトチルドレンの本を読み、親の成育歴が自分にも影響していると知った。父に「一緒にカウンセリングを受けてほしい」と頼んだが、拒否された。

大学を中退後に信頼できる医師と出会い、1人で育ち直しをするしかないと心に決めた。だが父へのわだかまりは残ったままだった。「なぜ私の苦しみを分かってくれないのだろう」。その半面「から・ころ」では他人の親と冷静に意見を交わすことができた。「親はよく『どうしたいんだ?』って聞くけど、それが分かればやっている。一緒に考え、失敗しても見守っていてほしい」と訴えた。親たちの本音も知ることができ、敵対心が少しずつ和らいでいった。

「父は40年、50年と築き上げてきたものを『あれが足りなかった』『これが悪かった』と否定されるのが怖かったんじゃないかな。でも一生懸命に子育てをして、生きてきた。そこは自分を認めてあげてもいいと思う」

寒河江には9歳の子がいる。母親になってみて分かったことがある。親は、子に育てられて親になるのだ。「子どもが9歳なら、私も9歳。まだまだ未熟です」

社会全体で取り組む問題に

ひきこもりの家族会が活動を広げていく様子は、認知症が社会的な理解を得ていく過程との共通項がある。

東京・霞が関の厚生労働省。2013～17年に社会・援護局の課長補佐として、ひきこもりの家族支援に携わった日野徹は「あの時と同じだと思った」と振り返る。日野は以前、認知症の問題を担当していた。

認知症はかつて「痴呆」と呼ばれていた。高齢の親を抱え、世間の目を気にしながら孤立していた人たちが1980年に家族会を結成。粘り強い働き掛けによって、社会全体で取り組むべきだとの認識が徐々に広まり、介護保険制度の創設（2000年）に結実した。

日野は、上司の荒川英雄（故人）と「（認知症の時のように）ひきこもりの実態をオープンにして、社会の偏見を払拭する一助になりたい」と決意。KHJ全国ひきこもり家族会連合会の学習会などに熱心に通い、耳を傾けた。本人の意思を尊重し、さまざまな生き方の選択肢を用意するという国が目指す施策は、日野たちを含めた多くの人の、思いの延長線上にある。

一方、KHJ共同代表の伊藤は、全国の支部を回るうちに危機感を覚えるようになった。国の支援や社会の理解は進みつつあるのに、親の立ち位置がいつまでも変わらないのだ。同じ悩みを持つ人たちが家族会に集まることで気持ちは軽くなるが、動けない子を見ると、また落ち込む。「うちの子がひきこもりになったのは自分のせいだ」「どうやって解決方法を見つければよいのか分からない」と、まるで暗いトンネルの中にいるような感覚なのだろう。伊藤はひきこもりの背景に、親の関わり方だけでなく時代の変化を見る。「この国は経済成長で豊かになった。住環境が整い、情報も手軽に入手できる。そうした自己完結型の生活が、人間同士の関わりを失わせたのではないか」

伊藤は米沢市で運営する「から・ころ」を家族らの居場所だけでなく、地域社会に開かれた空間にしたいと考えている。誰もが気軽に立ち寄れるカフェを作ったり、障害があっても働ける場所を増やしたり。そうすれば、親子で行き詰まっていても、第三者が手を差し伸べることができる。「完璧な親なんて、一人もいない。だからこそ、お互いに足りないところを補い、支え合うんです」

「親亡き後」の暮らしが新たな課題に

ＫＨＪの２０１８年度調査では、ひきこもり当事者の平均年齢は35・2歳、親は65・9歳で初めて65歳を超えた。ＫＨＪ東東京支部「楽の会リーラ」事務局長の市川乙允は「親が高齢化し、相続や『親亡き後』の暮らしなど、以前とは違う問題が大きくなっている」と月日の重みを感じている。

東京都内で衣料品店を営む福原純夫（73　仮名）の次男、信介（34　仮名）は小学生の時、勉強がよくできた。妻と「トビがタカを生んだ」と喜び、私立中学に入れようと塾に通わせた。だが信介は6年生の途中で「受験したくない」と拒んだ。受験を見送る代わりに学力レベルが高い公立中学に越境入学させたが、1学期中に不登校に。地元の中学に移った後も、卒業までほとんど登校しなかった。

1歳上の長男は学校から帰ると、すぐ外へ飛び出して遊んだが、信介は他人と話すのが苦手で、友達からの誘いを断るような性格だった。兄弟の違いには気付いていたが「商売のことに手いっぱいで家庭は二の次。目を向けられなかった」。塾で周りの子たちについていけず、挫折したのだと後になって思い至る。

信介は定時制高校を何とか卒業したが、働き始めたスーパーを1年足らずで辞め、自宅にこもり昼夜逆転の生活を送るようになった。

信介は25歳の頃から、暴力的な言動で思いを表し始めた。居間のテーブルをひっくり返し、「おまえらが無理に勉強させたせいだ！」と朝方まで言い立てることもあった。困惑して「お父さんとお母さんが死んだらどうするんだ」とぶつけた時、一番聞きたくない言葉が返ってきた。「自殺するよ」。純夫は「本心ではないはずだ」と自らに言い聞かせるしかなかった。ひきこもりに関する勉強会や相談会に通う、この10年間を「罪滅ぼし」と表現する。

純夫は持病を抱えながら店を切り盛りしている。「私はあと10年生きられるか。少しでもお金を残してやりたい」。信介は30代初めでのアルバイトも長続きしなかった。定職に就かなくてもいい。ただ友達との縁は切れ、長男とも疎遠になっている。せめて誰かとつながりを持ってほしい――。

親が元気なうちに対処を

ひきこもりの長期化、高年齢化が進み、「8050問題」という言葉も生まれる現状の下、親子の困窮、共倒れを防ぐための模索も始まっている。

2017年7月、一般社団法人「OSDよりそいネットワーク」(東京)が設立された。名称は「親が(O)死んだら(S)どうしよう(D)」の頭文字から取った。臨床心理士で、長年ひきこもり問題に関わる理事長の池田佳世は「悩み苦しむ全国の親たちの言葉だ」と語る。メンバーには社会福祉士や不動産コンサルタント、税理士らが名を連ね、「子の住まいをどうするか」「何とか働いてほしい」「自分で金銭管理しながら生きていけるだろうか」など、さまざまな悩みに専門職が連携し、解決を図る。

池田は親たちに「元気なうち、手遅れになる前に対処を」と呼び掛ける。社会支援につながられないまま親が亡くなれば、子は1人取り残される。だが頭では理解していても、体力が衰え始めたり、子を刺激したくないと考えたりして、行動を起こせないことが多い。

ＯＳＤ設立を発案したのは、名古屋市で生活困窮者自立支援の相談員を務める社会福祉士の鈴木美登里だ。ひきこもりのケースにも20年近く携わり、親の財産を使い果たして孤独死する子などを見てきた。誰にも助けを求められず「１００歳まで生きる」と言い張る親もいた。ひきこもり支援の現場では「そっと見守る」という考えが主流だったが、鈴木は「個人の問題として一面的に捉えられ、社会の対策が遅れた」と危機感を抱く。

右肩上がりの経済成長を経験した世代は「分厚い中間層」を形成し、多くは子がひきこもっていても養う余裕があった。その後はバブル崩壊やリーマン・ショック後の就職難、非正規雇用の拡大により二極化が進む。子に残せるだけの資産を持たず、困窮する事例が急増するだろう。「恐ろしい時代がやって来る」。鈴木はＯＳＤのような取り組みの他、保健や福祉などの行政機関、家族会が連携する仕組みの構築が急務だと考えている。

兄弟姉妹にとっても切実な問題

ひきこもりの長期化による「親亡き後」の問題は、兄弟姉妹にとっても切実だ。

70代の内川民代（仮名）は東京都内の自宅から北関東の実家に通う。40年余り一歩も外に出ず、1人で暮らす3歳年下の妹の洋子（仮名）の様子を見るためだ。同居していた母はすでに亡くなり、「身寄りは私だけ。残された時間は少ない」

洋子は幼少期から「変わっている」と映った。勉強はよくできるのに、気に入らないことがあると激しく泣き叫ぶ。「障害があるのでは」というのが家族の共通認識だったが、世間体ばかり気にする父は直視しようとせず、母も父に意見をしなかった。

父は自分の考えを押し付ける人だった。洋子と男性の交際に関しても、相手が気に入らないと何度も阻んだ。民代は「繊細な妹の存在をずたずたにした」と感じる。

大学受験に失敗した洋子は和裁教室に通うなどした後、東京で事務職に就いたが、職場になじめず帰郷。近所の商店での仕事も長続きせず、25歳の頃からひきこもるようになった。精神的に不安定だったため、両親は医療機関での受診を促したが、洋子は拒否し続けた。

2006年のある日、東京で暮らしていた民代は、母からの「140万円貸してくれない？」という突然の電話に耳を疑った。父は他界し、実家では洋子と母が2人で暮らしていた。母の口癖は「お金のことで迷惑は掛けない」だった。だが実家に駆けつけ、家計簿を見て驚いた。繰り返される屋根裏や床下、壁面の工事、高級羽毛布団……。老後のために蓄えていた数千万円が消え、洋子に残すはずの貯金にも手を付けている。母は知らない間に認知症が進行していた。

父が亡くなった後、母は日常の出来事をノートに記していた。洋子の感情の浮き沈みや、暴言を一身に受け止める母の姿が浮かんだ。洋子が幼少の頃から、「父も母もほったらかしにしていた」と心の中で責めていた民代。だが自分も「なるべく関わりたくなかった」。それから母が89歳で亡くなるまでの7年間、時間を取り戻すように介護した。

民代は息つく暇なく、考えを巡らせる。「私がいなくなったら、洋子はどうやって生きていけるだろう」

親とは違う苦悩、葛藤

40年余りの間、実家から一歩も出たことがない洋子は、買い物などの訪問サービスを利用しながら1人で暮らす。電話の対応や金銭管理はできない。東京都内の自宅から月2～3回、様子を見に行く姉の民代は、自分に万が一のことがあった時の備えを進めている。

まず考えたのは、洋子が障害認定を受け、司法書士らに財産を管理してもらう「成年後見制度」の利用だ。だが洋子は医療機関での受診をかたくなに拒んでいる。民代は自立支援相談員を通じて、県の健康福祉センターで医師らと面談し、1カ月後に訪問してもらうことになった。「妹さんの了解を得ておいてください」と告げられたが、洋子とはほとんどコミュニケーションが取れない。〝奇襲〟のような形で医師が来れば、私を二度と家に入れてくれないだろう。民代は、テーブルに置いたメモ用紙に「あなたのために必要」「多少の質問で終わるから大丈夫」と記し、医師の訪問を説明した。備忘録のようなメモ書きを家のあちこちに張っている洋子に、思いが伝わるのではないかと考えたからだ。

訪問当日、洋子は落ち着いて医師の質問に答えた。「疲れたでしょう。よく頑張れたね」と声を掛けた民代は、ほんの少し妹とつながれたと感じた。洋子は16年の秋に、統合失調症の診断で精神障害1級の手帳を取得した。

姉妹の距離は次第に縮まっていった。洋子が繕いながら30年以上使っているバスタオルを「捨てればいいのに」と思っていた民代は、今では「これは洋子自身。必死に生きているんだ」と感じるようになった。成年後見制度の利用を見送り、「私が倒れる前に、妹の思いを理解してくれる人を見つけたい」という。

KHJ全国ひきこもり家族会連合会は、ひきこもりの人の兄弟姉妹が悩みを語り合う会を開いている。「親が放置してきた」「自分が生涯、面倒を見るのか」。親とは違う苦悩にさいなまれる参加者の多くは40代だ。

事務局長の上田理香によると、「自分だけ幸せになっていいのか」と考え、実家を出たり結婚したりすることをためらう人も多い。疲弊した親には何も言えず、不安が覆う。上田は「兄弟姉妹が抑えてきた感情を受け止める環境や、家族全体への支援が必要だ」と語る。

誰にとっても生きやすい社会に

２０１９年10月12、13の両日、延べ４００人が参加して札幌市でＫＨＪの全国大会が開かれた。あいさつに立った共同代表の伊藤正俊は「故・奥山雅久が全国組織を立ち上げてから20年という時間がたち、社会的問題として指摘してきたことがここにきて、さまざまな形で現れてきた」と述べた。

川崎、練馬の事件後、伊藤らと面会した根本匠厚生労働相は、大臣名で「ひきこもりの状態にある方を含む、生きづらさを抱えている方々をしっかりと受けとめる社会をつくっていかなければならない」という異例のメッセージを出した（１１９ページ参照）。国が支援に後ろ向きだった20年前には考えられなかったことで、ひきこもりを巡る状況がいかに深刻であるかを反映している。

大会のスローガンにも変化が見られた。「ひきこもり者が　生きる力を育む　地域共生社会にむけて」。家族会は、どこにも相談できずに孤立する親たちが悩みを打ち明け合う

ひきこもりの状態にある方やそのご家族への支援に向けて

川崎市や東京都練馬区の事件など、たいへん痛ましい事件が続いています。改めて、これらの事件において尊い生命を落とされた方とそのご家族に対し、心よりお悔やみを申し上げるとともに、被害にあわれた方の一日も早いご回復を願っています。

これらの事件の発生後、ひきこもりの状態にあるご本人やそのご家族から、国、自治体そして支援団体に不安の声が多く寄せられています。

これまでも繰り返し申し上げていますが、安易に事件と「ひきこもり」の問題を結びつけることは、厳に慎むべきであると考えます。

ひきこもりの状態にある方やそのご家族は、それぞれ異なる経緯や事情を抱えています。生きづらさと孤立の中で日々葛藤していることに思いを寄せながら、時間をかけて寄り添う支援が必要です。

誰にとっても、安心して過ごせる場所や、自らの役割を感じられる機会があることが、生きていくための基盤になります。ひきこもりの状態にある方やそのご家族にとっても、そうした場所や機会を得て、積み重ねることが、社会とのつながりを回復する道になります。

また、ひきこもりの状態にある方を含む、生きづらさを抱えている方々をしっかりと受けとめる社会をつくっていかなければならないという決意を新たにしました。まずは、より相談しやすい体制を整備するとともに、安心して過ごせる場所や自らの役割を感じられる機会をつくるために、ひきこもりの状態にある方やそのご家族の声も聞きながら施策を進めていきます。そして、より質の高い支援ができる人材も増やしていきます。

ひきこもりの状態にある方やそのご家族は、悩みや苦しみを抱え込む前に、生活困窮者支援の相談窓口やひきこもり地域支援センター、また、ひきこもり状態にある方が集う団体や家族会の扉をぜひ叩いて下さい。

国民の皆様におかれましては、あらゆる方々が孤立することなく、役割をもちながら、ともに暮らすことができる、真に力強い「地域共生社会」の実現に向けて、ご理解とご協力をお願いいたします。

令和元年6月26日

厚生労働大臣　　根本　匠

場として立ち上がったが、主体はあくまで本人たちであることを明確に位置づけた。伊藤は「外に出られるようになった当事者が意見を言えるようになり、社会の中で、ひきこもりという生き方が少しずつ認められるようになってきた」と歓迎しつつ、「ひきこもっていても生きていける社会は理想だが、その半面、社会参加が遅れてしまうのではという葛藤もある」と打ち明けた。

大会実行委員長を務めた北郷恵美子(74)の30代後半の次男は、中1の夏休みから自宅にひきこもったまま、今年で26年目に入った。外に出て人に会うことはできないが、最近は北郷の留守中に宅配便に対応したり、家の手伝いをしたりするようになった。大会の準備では、パソコンを使えない北郷のために関係者へのメール連絡を一手に引き受けてくれた。北郷は「彼も大会を支えてくれた一員。ひきこもりだけでなく、障害や生きづらさを抱えた人たちが共生していくことが、誰にとっても生きやすい社会につながるのではないでしょうか」と期待を込めた。

インタビュー

本人が望むプロセスを緩やかに歩めるように

丸山康彦さん・ヒューマン・スタジオ代表

「思い」と「願い」の狭間で

〈丸山さんのひきこもり経験を教えてください〉

父親は東大卒のキャリア官僚で、私も親の期待を感じ、自然とエリート意識がすり込まれていました。東大か有名国立大に行きたいと思っていたのですが、高校に入ると学業不振で、生き方が分からなくなりました。不登校を繰り返し、高校は7年かかってようやく卒業しました。

大学卒業後に高校の非常勤講師を1年間やったのですが、その後も親との関係がうまくいかず、さまざまな人間不信も重なったことから、28歳から7年間ひきこもりました。そうした経験を基にして、２００１年に「ヒューマン・スタジオ」を設立し、03年度からひきこもりの子どもを持つ親の相談事業を本格的に始めました。

〈なぜ人はひきこもるのでしょうか〉

当事者に直接会ったり、親御さんの相談を受けたりして感じるのは、ひきこもりは異常でも悪行でもなく、特有の心理状態による生きざまだということです。一般の人は自宅と社会がセットで行ったり来たりできるのですが、ひきこもりの人の場合は自宅と社会の間が裂けていて、そこに生まれた「第三の世界」に心がある状態です。本人もどうしてそうなるのか分からないので、私は「無意識の指令」と呼んでいます。

〈無意識の指令とは〉

このままだと潰れてしまう、行き詰まってしまうということを予知して、本能的に自らを防御するということです。「逃げるは恥だが役に立つ」というテレビドラマがありましたが、あれは絶品なタイトルですね。まさに、自分を守るために避難したというのがひきこもり状態なのかなと思います。

〈もう少し詳しく説明していただけますか〉

当事者がよく口にするのは「普通でありたい」という言葉です。何が普通かというのは時代によって違いますが、現代であれば学校や仕事に行くのが当たり前で、仕事というのは企業などに雇われて、歯車として働くということでしょう。しかし、昔は町に1人や2人はぶらぶらしている人がいて、居候という言葉も珍しくなかった。

今はそういう人がはじかれやすい世の中です。大気汚染から公害病が生まれるように、時代の空気に息苦しくなった人が、心が折れて、ひきこもり状態になるのではないでしょうか。

〈ひきこもり状態になると、なぜ動き出せないのでしょうか〉

本人は学校や仕事に行かないといけないと思っているので、ハローワークに通ったり、資格を取得するための勉強をしようとしたりします。先ほども言ったように、普通でいたいという「願い」があるのです。それだけなら支援を受ければ社会復帰できるのですが、実は同じウエートを占めるものがもう一つあります。それは「思い」です。「導かれるのではなく、自分の足で自分のペースで歩きたい」「自分を殺してまで社会に適応すべきなのか」など、人によってさまざまですが、無意識レベルの自己防衛本能とでも言いましょうか。そういった「思い」と「願い」との間で葛藤しているわけです。

支援者たちは願いの部分だけに反応して社会に戻そうとしますが、思いを受け止める必要があります。

ゲームやネットは「必要だから」

〈親からはどのような相談が多いですか〉

子どもの気持ちが分からないというのが一番多いですね。最初のうちは親御さんの「心の網の目」が大きく、目に見える変化でないと認識できないので「本人の様子が一向に変わらない」と嘆きがちです。しかし、段々と網の目が小さくなれば、ささいな変化に気付けるようになります。

あと多いのは「昼夜逆転の生活で、ゲームやインターネットにのめり込んでいるが大丈夫か」というものです。運動や読書に没頭していれば安心なのでしょうが、本人にとってはゲームやネットも等価値です。必要だからやっているのだということを親御さんに認めてほしいです。本人の生活を変えるのではなく、家族全体でいかに楽しく生活するかという方向にベクトルを向ければ、ゲームだけにのめり込む状況は少しずつ和らいでいきます。

〈子育てに失敗した、と自分を責める親が多いですね〉

よく過保護、過干渉などと言われますが、ひきこもりの原因を子どもの育て方に求めるのは問題の矮小化です。ひきこもりはさまざまな要因の組み合わせによって起きるものです。ただ昔はガキ大将がいて、子どもだけの世界がありましたが、今は地域のつながりが薄くなり、相対的に家庭や親の影響力が大きくなっているのも事実です。

私はよくマラソンの伴走にたとえるのですが、子どもに近すぎると邪魔な存在になり、衝突することもある。逆に遠すぎると「放っておかれる」という不信感につながる。適度な距離を保ち、子どもが「自分のペースを大事にしてくれる」と感じられるようにすることが大切です。

〈国などの支援にも言えることでしょうか〉

その通りです。病気で休職している人であれば、治療をして、早く職場に戻れるようにサポートすればいい。しかしひきこもりは病気ではないし、本人が望むのは一直線の復帰へのプロセスだとは限らないのです。社会のハードルが高く、受け入れ幅が狭ければ、なかなか戻れない。社会の側が「この道を進みなさい」というのではなく、エネルギーがそれほど回復していなくても、本人が望むプロセスを緩やかに自分の足で歩んでいける道を整備することです。

プロフィール
まるやま・やすひこ　1964年東京都生まれ。自らのひきこもり経験を基に、神奈川県内で親の相談、家族会、メールマガジンの3本柱で支援業務を行う。著書に『不登校・ひきこもりが終わるとき』。

■第7章■

声を上げ始めた当事者たち

「死にたい」と思っていた

せわしなく人が行き交うJR大宮駅（さいたま市）。真衣（21）はじっと改札口を見つめていた。緊張で少し息が上がる。「大丈夫。自分の聞きたいことを聞けば良いから」。横に立つNPO法人全国不登校新聞社（東京）の編集者、茂手木涼岳がそっと声を掛けた。

2017年3月、真衣は自ら企画したインタビュー取材に臨んだ。相手は憧れのシンガー・ソングライター風見穏香《しずか》（28）。「死にたい」と思っていた自分に、生きる希望をくれた人だ。

真衣はずっと劣等感の塊だった。勉強のできる兄弟や部活で活躍する友達と比べるたび、自分のことを「だめな人間」「生きている意味がない」と思ってしまう。中学、高校ではいじられキャラで、何をやってもからかわれた。次第に持ち物を隠されたり、友達に逃げられたりするようになった。本当はつらい。でも1人になるのはもっとつらい。なかなか「やめて」と言えず、おどけてやり過ごした。周囲からはたぶん「何をしてもいい人」と思われていた。

高3の秋、意を決して友人2人に「実は、苦しいんだ」と打ち明けた。相手は真衣と向き合わず、離れていった。それ以来、学校に行こうとすると体が動かなくなり、10月の途中から2カ月ほど不登校に。学校にも行けないなんて情けない――。そう思って、また自分が嫌になった。年末に学校から「このままでは卒業式に出られなくなる」と連絡があったが、すぐに決断はできなかった。行けば、つらい思いをする。でも人生に区切りをつけるため、式には出ておきたい。悩んだ末、最後の数カ月は無理をして学校に通った。

卒業から1年たっても心身の不調は元に戻らなかった。うつ病と診断され、自宅にひきこもっていたある日、真衣は母親に勧められたテレビ番組を見た。同世代の若者が不登校の子どもに「卒業式に出るか、出ないか」というアンケート取材をしている場面だった。「同じことで悩んでいる人がいるなんて」。新鮮な驚きとともに「この人たちの話を聞いてみたい」と他者に対する興味が湧いた。

母親は後日、アンケートを実施した新聞社に購読を申し込んだ。家に届いたのはタブロイド判8ページの「不登校新聞」だった。

存在そのものを認めてもらった瞬間

全国不登校新聞社のＰＲ動画は、「不登校という生き方を提案します」という一文で始まる。1998年に創刊し、これまでに取材した不登校やひきこもりの人は1000人を超える。「子どもの人権」にこだわり続け、当事者の思いを丹念に拾い上げてきたメディアだ。

真衣が参加する子ども若者編集部は、全員が不登校生や経験者。同じ境遇だからこそ、過去や悩みを隠さず打ち明けられる。取材先や仲間の話を聞くたび「自分だけじゃないんだ」と思えた。

中でも、編集部のまとめ役である茂手木が語った一言が忘れられない。「みんな誰かの役に立とうと一生懸命だけど、無理しなくていい。ただそこにいるだけでいいんだよ」。自分を生きる価値のない人間だと思い込んでいた真衣にとって、初めて存在そのものを認めてもらった瞬間だった。

穏香のライブ演奏をある映画の上映会で見たのも同じ頃だ。ギターを持って歌い始めた彼女の言葉に、一瞬で心をつかまれた。

〈生まれてこなきゃ良かったと思ってしまう日もあるけど、あなたと出会えたから私は生きてく〉

真衣がずっと胸にしまい込んできた苦しみを、目の前の穏香が歌ってくれた。明るい人柄にも魅せられ、すぐにファンになった。路上ライブに通い詰め、会員制交流サイト（ＳＮＳ）

でつながるようになってほどなく、穏香にも不登校経験があり、今も生きづらさに悩んでいることを知る。堂々としてファンに慕われる穏香でも、同じ思いを抱えている――。その事実は驚きであり、大きな励ましだった。曲を聴くたび、歌詞に込められた思いが心に響く。彼女のことを「他の人にも知ってほしい」という思いが募った。

その年の暮れ。真衣は編集会議で手を挙げた。いつもは積極的に提案する方ではないが、この時は発言すると決めていた。「不登校の経験がある歌手がいます。インタビューをやらせてもらえませんか？」

「自分を諦めたくないんだ」

改札口に現れた穏香の姿を確認すると、緊張していた真衣の表情が和らいだ。「お待たせ。今日はよろしくね」。穏香の一言で張り詰めていた空気がほぐれていく。

駅ビルのカフェに場所を移したところで、真衣は本題を切り出した。「不登校経験を聞かせてください」。穏香は居住まいを正し、一つ一つ振り返るように話し始めた。

茨城県出身の穏香が学校に通えなくなったのは小6の5月頃。仲の良かった友達とクラスが分かれたことなど、いくつかの理由が重なり精神的に不安定になった。給食の時間に突然涙が止まらなくなり、1週間泣き通した。見かねた母親から「無理して行かなくてもいいよ」と言われ、家にひきこもった。男子と一緒に走り回っては「ガキ大将」のように振る舞っていた自分が、まさか不登校になるなんて——。周りがどう思うかを意識して、さらに学校が怖くなった。

助けてくれたのは幼稚園からの幼なじみだ。毎日遊びに来るが、なぜか登校を促すことはしない。「今考えれば、うちのお母さんがそう頼んでいたのかも」。2学期からは友達に迎えに来てもらって、何とか通えるようになった。ずっと自分に自信を持てず、大好きな歌だけが心のよりどころだった。苦しい胸の内も歌に込めれば誰かに届くと考え、「生きづらい系シンガー」を名乗るようになった。

「何でそんなに明るくいられるんですか?」。真衣の問いかけに穏香は少し考え「強がりなんだと思う。どれだけ落ち込んでも人には見せたくない。でも、これが弱みなのかもね」と返した。

一つ一つ、等身大の言葉で誠実に答える穏香に、真衣はどうしても聞きたかった質問を口にした。

「つらい時、私は死にたくなることがあります。しーちゃんもそういうこと、ありますか?」

穏香は、うなずいた。「たくさんあるよ。でも、どうせ死ぬならその前に、やりたいことをやろうって思う。自分を諦めたくないんだ。今まで乗り越えてきたことは、きっとこれからも乗り越えられるから」

真衣は何度も相づちを打ち、ノートに書き留めた。絶対、忘れない。そう誓うように「生き続ける理由」と大きく記し、アンダーラインを引いた。

ひとりぼっちじゃないと気付いてほしい

2017年6月の不登校新聞に穏香のインタビュー記事が掲載された。「何で自分はこんなにだめなんだろうと思っちゃう。何かあると環境や他人や親のせいにしてしまう。そんな自分がすごく嫌で、しょっちゅう泣いてます。でも、そんな弱い私だからこそ、一緒に頑張ろうという気持ちで歌っています」。不登校の子どもたちに向けられた飾らない本音や自身の過去、励ましのメッセージだ。

真衣との出会いは、穏香にも大きな支えになった。17年の夏、イベントでの失敗がきっかけで誰にも会えなくなった時期、唯一連絡できたのが真衣だった。自分を責める気持ちが抑えられず「久々にヤバい状態」になった時、「頼ろうと思える人がいたこと、それが救いになった」と振り返る。出会ってから約2年。歌手とファン、取材対象と記者、そして、かけがえのない友人。さまざまな形で向き合ってきた2人は、互いを「似た者同士なんです」と語る。

穏香は取材の直後から、不登校の生徒や社会になじめない若者の居場所づくりを始めた。東京の都心にある雑居ビルの2階。仕切りを取り払った開放的な空間に、大人が何人も寝転がれる大きなソファが置かれていた。壁際の明るい花々に心が安らぐ。穏香の活動を応援するビル所有者の協力を得て、手作業で少しずつ作り上げてきた。若者らは、それぞれ好きな時間にここを訪れる。車座で語り合っても、ただ横になってくつろいでもいい。「誰にとっても居心地の良い場所にしたいんです。気持ち良すぎて寝ちゃう人もいるけどね」。穏香の言葉に真衣が屈託なく笑った。

真衣はインタビューの後も不登校新聞で取材活動を続けている。その理由は「口下手な私でも、文字にすれば思いが伝えられるから」。読んだ人に、ひとりぼっちじゃないと気付いてほしい。「『同じ気持ちなんだよ』と知らせたい。私にできることは、それだけです」。そう言ってはにかんだ笑顔に、ほんの少し自信がのぞいた。

あなたの傷は何ですか

2017年8月、東京・六本木にあるギャラリーの壁一面に、直径50センチほどのコンクリート製の円形板が、いくつも並んでいた。「自分を傷つけた。体中傷跡だらけ。」「女の子に生まれてしまった。」。近寄ってみると、刻まれた文字からは、心の叫びがあふれていた。

展示されていたのは、現代美術家渡辺篤（39）の作品。制作手法はこうだ。「あなたの傷を教えてください」とインターネットで募り、円形板に記してからハンマーで割る。その後、陶芸の伝統的な修復技法「金継ぎ」にならい、割れや欠けを繕う。表面に生まれた幾筋もの線は一つとして同じでなく、光を帯びて美しい。これまで渡辺の手元に届いた匿名の文章は700件余り。「アートは人の心に接続できることがある。痛みへの一つの寄り添い方だと思う」

渡辺は4浪して、2001年、東京芸術大学に入学。油絵を専攻し、キャンバスでの表現の可能性を追い求めていたが、大学2年の時にうつ状態と診断され、2年間休学した。

芸大の大学院に進み、09年春に修了。アーティストとして生きると決め、就職はしなかったが、将来への不安は募った。長く患っていたうつ病、恋人の裏切り、力を注いでいたホームレス支援運動からの排除……。徐々に部屋から出なくなっていった。

10年の暮れごろ、ベッドに横たわり、動画配信サービス「ニコニコ生放送」の配信番組を見ていた。どんな内容だったのかは記憶にないが、一般の人がさまざまな場所を訪れる中継だったはずだ。当時、流行し始めたスタイルで、渡辺にとってはその中継を見ることが外の世界との唯一の接点だった。パソコン画面に次々と書き込まれる視聴者コメントの中の一言が目に飛び込んできた。「最後に空を見たのは海の日(7月)だった」。思い返すと、自分も同じだった。その日は真っ青な空が広がっていた。

「出掛けない理由を探すうちに、靴を履かなくなった」と渡辺。単なる惰性の延長だったはずなのに、ネットの向こうには孤立した人がたくさんいる。自分もその中の一人なのだ、という現実を突きつけられた。

「失った時間」を武器に

渡辺の目の前には「捨ててしまった」数カ月間があった。社会復帰しても、できることは創作しかないが、自立は簡単ではない。就職するにしても履歴書の空白をどう説明するのか。諦めと焦りがごちゃ交ぜとなり、襲った。

「ドロップアウトしちゃおう」。死なない程度に生きることにした。命を維持するためだけに食べ物を口にし、ペットボトルに用を足すこともあった。心のどこかに、こんな思いもあった。「どうせ地獄なら、自分でつくりたい」。最後のプライドだった。

母は1回だけ「助けたい」と部屋の外から声を掛けてきた。だが何とかしようという気配は感じられず、見放された気がして、怒りの矛先は家族に向かった。「こうやって開けるんだよ！」。ある時、居間の扉を蹴破った。警察が駆け付けるほどだったが、われに返り、気が付いた。母はひきこもりに関する本を読み、息子に何かあったらすぐに対応できるように夜も居間で寝ていた。憔悴《しょうすい》し切っていた。

母が11年2月頃、「お父さんが強制的に入院させようとしている」と伝えてきた。自分でひきこもるという主体性が奪われそうになった時、渡辺は部屋を出ると決めた。ひげと髪は伸び放題で青白い顔。自らの姿をカメラに収めた。「失ったと思った時間を武器に変えたかった。制作のための役作りだったと思えばいい」。セルフポートレートは最初の作品になった。

そのちょうど1カ月後、東日本大震災が起きた。しばらくしてインターネットで、ある記事が目に留まった。遠く離れた被災地では、傷ついた住民の存在に気付くことで、ひきこもり生活に終止符を打ち、福祉などの仕事に就いた人がいると伝えていた。

渡辺も疲弊した母の姿を目の当たりにし、ひきこもりの生活を終えていた。他者の苦しみに触れて初めて、自分の痛みを別の角度から見ることができた。

親子の関係を超えたやりとり

渡辺が14年に開いた個展では、ブログを通じてひきこもりの人の部屋の写真を募り、60枚ほどが集まった。敷きっ放しの布団、積み上がったDVD、無造作に置かれた本や服。その一方で整然とした部屋もある。外から想像するしかなかった世界を可視化した展示は、話題を呼んだ。

「自暴自棄的に閉じられていた状況の意味を、ひっくり返す」。人の目に触れないようにしてきた時間や空間を、価値のあるものに転換させられるという思いがあった。

「わたしの傷／あなたの傷」（17年）は、渡辺と母親の合作だ。近過ぎて互いに見えにくい親子の関係性に光を当てる。

30分ほどに編集された映像で2人はテーブルを挟んで向き合い、モルタルで作った実家の小さな模型をハンマーでたたき壊す。そして一緒に修復作業をしながら対話を重ねる。

渡辺「僕がひきこもりだった時、扉の向こうでお母さんが何を感じていたかとか、何を見たか、何をして何をできなかったか、ということを聞きたいと思っています」

母「あの時、何が起きているのか全く分からなかった。本人に言わせると自分が悩んでいることを分かってほしかったと言うけれど、（中略）最初は、その悩みの深さというのが全く分からなかった」

母はさらに、長年夫との関係をうまく築けなかった「妻」、親族の間で孤立していた「嫁」として抱えてきた苦しみを告白する。親子の関係を超えた個と個のやりとりは、扉の内と外で2人の痛みが隣り合わせにあったことを浮き彫りにする。「私たちは自分のつらさばかりに目が行きがちで、他者の本当のつらさに耳を傾けることは難しい」と渡辺。それを「被害者性の奪い合い」といい、人がとらわれた状態から解放されるために、誰もが弱音を吐き出せることとの大切さを表現する。

渡辺は時に耳をふさぎ、目を背けたくなるような個々の叫びを受け止め、全面的に肯定していく。今も孤独にいる人にメッセージを届けるかのように。

ひきこもりの弟、少しだけうらやましい

「あなたは、ひきこもりにどんなイメージを持っていますか？」

2019年4月の土曜日。大勢の買い物客らでにぎわう日本最大のターミナルJR新宿駅（東京）で、川初真吾（45）はアンケート用紙を配り、道行く人に声を掛けた。友人と待ち合わせ中の大学生、ネットに動画を投稿するユーチューバーの女の子、弁護士、会社員。「年齢も立場もバラバラの人たちが、ひきこもりと聞くと一瞬、複雑な笑いを浮かべるんです。その反応が面白かったですね」

川初は東京都内で2カ月に1度、「ひきこもりフューチャーセッション 庵―IORI―」という当事者参加型のイベントを運営している。アンケートをやる前は「ひきこもりは自己責任」「外に引きずり出せばいい」という強硬な意見がほとんどだろうと覚悟していた。意外だったのは、初めは笑っていた人たちが、ひきこもりに至る事情をくみ取ろうとしたり、共感したりしてくれたことだ。

専門学校に通う18歳の女性は「中学の時にクラスメートが夏休み明けから学校に来なく

なった」と打ち明けた。「私も人と話すのが苦手で、対人関係に疲れることがある」。そんな時は、週末に部屋から全く出ないようにして、自分をリセットする。「心の中で『2、3日、徹底的にサボろう』と宣言するんです。そしてまた次の日から頑張ろうって」

別の女性は「身近に、ひきこもっている人はいない」と言った。だが隣にいた娘が「おいっ子が学校に行ってなかったでしょ」と水を向けると、「ああ、そうだったわね」と、思い出したようにうなずいた。

「世間で何となく伝わっているネガティブなイメージと、一人一人の姿は必ずしも合致していないことが分かった」と話す川初には、今も実家にとどまりながら生き方を模索している4歳下の弟がいる。「自立だったり、就労だったり、自分と向き合う間もなく、一律に時期だけが決められている。弟はそのレールを降りる決断をした。僕にはできないし、少しだけ、うらやましいと思う」

川初とともにイベントのスタッフに名を連ねる神垣崇平（54）は、当初「ひきこもり＝怖い人」との印象を抱いていた。「よくテレビのニュースでやっているじゃないですか。ナイフを持って暴れたらどうしようと」。だが今はこう言い切る。「大切なことはすべて、ひきこもりから教わった」

一介のサラリーマンである神垣にとって、ひきこもりは無縁の存在だった。それでもイベントの運営に携わるようになったのは、社会の課題を対話で解決するフューチャーセッションという手法が、インフラ事業を手掛ける会社での仕事に役立つと考えたからだ。

初めのうちは支援団体や関係者の参加が多く、やっとの思いで部屋から出ることができた当事者を会場で質問攻めにする構図だった。そのため具合が悪くなる人も出て、ぎくしゃくしたムードが漂っていた。

流れが変わったのは、口コミで増えた当事者が事前の打ち合わせに参加するようになってからだ。ストレートに思いをぶつけ合い、意見の相違があっても受け止めるようにすると、互いの関係性が良くなり、彼らの一言一言が物事の本質を捉えていることに気付く。

翻って、自らが身を置く日々の環境はどうか。上下関係や「本音と建前」にとらわれ、会議では思ったことを言いにくい。毎朝カフェで1時間ほどつぶし、気合を入れ直してからようやく出社するというルーティンを、もう20年も続けている。

神垣は言う。「定年まで働くことができる『勝ち組』の世界にどっぷりとつかり、安穏と生きてきた。でも周りには能力があるのに、さまざまな理由で動けない人がいる。明日はわが身かもしれないのに、目を背けてきただけなのではないか」

川初が新宿での街頭アンケートを思い立ったのは、ひきこもりという言葉で連想される甘えや怠け者といったイメージが、世間の実相かどうかを確かめたかったからだ。共同通信の記者も協力し、質問票を基に聞き取りをし、10代から70代まで計41人の回答を得た。「ひきこもったり、生きづらさを感じたりすることはありますか」との問いには約４割（17人）が「ある」と答えた。

「生きづらさ」４割が共感

佐賀県に住む40代の弁護士の男性は、高校時代に不登校になったことがある。「中学までは勉強をしなくてもトップクラスだったのに、高校ではそうはいかなくなり、急に成績が落ちて……」。比例するように気分も落ち込んだ。支えてくれたのは担任の先生。「よく家まで来て相談に乗ってくれた。情熱のある人だった」と振り返った。

多くの人が生きづらさの原因に挙げたのは「人間関係」だ。北海道から来た20代の公務員の男性は職場のストレスが高じて「自分もひきこもりたい、他人と関わりたくないと感じることがある」と語った。

派遣社員の30代女性は学生時代、いじめが原因でひきこもっていた時期がある。学校か

「あなたはひきこもりにどんなイメージを持っていますか？」（2018年5月、JR新宿駅周辺）

ら紹介された精神科のクリニックにも通ったが「一番大きかったのは自分の好きなものを見つけられたこと」。お気に入りの歌手のライブで友人ができ、また人と関わるきっかけになった。

葛藤を抱えているのは大人だけではない。駅前に一人たたずんでいた女子高生は「ひきこもったことはないけど、苦しい時にはリストカットをしている」と明かした。悩みやストレスに直面した時、自傷行為の他に気持ちを落ち着ける手段を見つけられないのだという。ネット上で知り合った同じ経験を持つ仲間には相談するが、「心配かけたくないから、両親には言えない」

パートで働く50代女性は「親から『学

校を休むのは良くない』と教えられてきたので、そもそも休むという選択肢がなかった」と話した。20代の息子2人も同じように育ててきたが、彼らが今、普通に働くことができているのは「たまたま」ではないかと感じている。

100パーセント自己責任なのでしょうか

家族や友人など身近にひきこもりの経験者がいると答えたのは半数近く（19人）に上った。

ベンチでおむすびをほおばっていた50代女性は、20代前半の娘が単位不足で大学を中退したという。「今日も花粉症だと言って家で寝ている。ニートですよ！」とどこかさばさばした表情で言った。娘は中学時代から原因不明の発熱で学校を休みがちだった。夫婦仲が悪いことが影響したのかもしれないとも思うが、できるだけの子育てをしてきたつもりだ。娘は別の大学で建築の勉強をしたいと考えているようだ。「自分の生き方の物差しがあれば、ひきこもっていてもいいんじゃないかな」。去り際の力強い足取りは「娘を信じている」という思いの表れのようだった。

ひきこもり状態の人に対する周囲の関わり方について聞くと、「親が何とかすべきだ」

（40代男性、販売業）、「テレビやニュースで耳にするが、接し方は思いつかない」（50代女性、パート職員）といった答えが返ってきた。

50代女性は息子が中学で不登校を経験。「無理に行かなくてもいい」と考えていたが、夫の両親から「なぜ学校に行かせないのか」と猛烈な圧力があった。夫も同調し、つらい思いをした。

就職を前提とせず「いろいろな生き方があっていい」と肯定的な意見が目立つ一方で、「ただ『働け』というのは効果がなさそう。でも働かないと生きられないし……」と2つの価値観を両立させる難しさを指摘する声もあった。

「100パーセント自己責任なのでしょうか」。平穏な生活を送っているという20代の男性会社員は、しばし考えた後、言葉を継いだ。「最終的に一歩を踏み出すのは本人。それでも個人、会社、地域と、さまざまなレベルで何かができるんじゃないかな……」

ひきこもりは異質な存在ではない——。アンケートを終えた川初は、都会の雑踏に、見ず知らずの人たちの声が響き合う気がした。

アンケートでの主な意見

【ひきこもりと聞いて何をイメージしますか】

・正直うらやましい。家族の理解や金銭的な環境が可能にしている（29歳男性、公務員）
・なりたい自分と現実のギャップに苦しんでいる（40歳男性、弁護士）
・社会不適合者。ただ悪いのは社会の側（28歳男性、会社員）
・事件のニュースをよく見る。暗いイメージ（70代女性、主婦）
・だらだらしている。女性より男性が多い（24歳女性、会社員）
・対人関係に疲れている。自分も気持ちがよく分かる（18歳女性、専門学校生）

【周囲や社会はどう関われば良いですか】

・自治体がコミュニティー・居場所を作るべきだ（70代女性）
・経歴に空白があると色眼鏡で見られてしまう。その人に合った働き方を用意して（28歳

男性、会社員）

・支援施設よりも企業が受け入れる場を作るべきだ（40代男性、会社経営）

・日本は「会社勤め」が大前提の社会だが、そうではない働き方もたくさんある（50代女性、フリーランス）

・100パーセント自己責任ではない。最終的に一歩を踏み出すのは本人だが、個人、会社、地域でできることがある（20代男性、会社員）

おわりに

ひきこもりの取材を始めてから、これまでに多くの当事者と出会った。その中でも2人の男性のことが頭から離れない。

30代後半のAさんとは、ある支援者を通じて知り合った。70近い父親と2人暮らしで、会話はほぼゼロ。将来の不安などで過呼吸になり、頻繁に119番するので、救急隊員ともすっかり顔なじみになっていた。「誰でもいいから話を聞いてもらいたい」と、「0120」で始まるフリーダイヤルに手当たり次第に電話をすることもあった。

Aさんは人に会うのが怖くて外に出ることができないが、それでも何とか自立しようと必死だった。「まずは小さなことから一つずつできるように」と考え、歯磨きや着替え、自宅周辺の散歩など、自分なりに小さな目標を立てていた。それでもうまくいかず、また落ち込むという繰り返しだった。

20代のBさんは中学でいじめに遭い、大きなトラウマになった。高3の時、大学進学や就職では体が持たないと思い、「休ませてくれ」という一心でひきこもった。両親はそれを許さず、5年後に自立支援施設に入ったが、半ば監禁同然の生活だったため、仲間と一緒に脱走した。

Bさんに、なぜ施設への入所に同意したのかと尋ねると、「ひきこもったままでは、どうにもならなかったから」と消え入りそうな声で言った。そして「施設には戻りたくないが、ひきこもりの生活にも戻りたくない」と苦しい胸の内を明かした。

Aさんも、Bさんも事情は異なるが、共通しているのは、「ひきこもっている自分」をふがいないと強く感じていることだ。その意識が、ひきこもり状態から抜け出すことをさらに困難にしていた。

動きたくても動けない。彼らを縛っている「くびき」とは何なのだろうか。本書の目的の一つは、その答えを探し出すことだったように思う。

ヒントは当事者の声にある。川崎、練馬の両事件が起きた直後、ひきこもりを犯罪と関連付けるような報道に対し、当事者団体が一斉に声明文を発出した。ひきこもりを「ひとくくりにしないで」というものだ。私たちは無意識に、ひきこもりを特異な存在だと決めつけ、遠ざけてきたのではないだろうか。

ひきこもりという言葉が世に出た約30年前から今日に至るまで、当事者が抱える苦しみは変わらない。ただ少しでも社会の見方が変わりつつあるとすれば、それは当事者自身が動いた結果である。私たちはその声に謙虚に耳を傾け、他者を排除しようとする自らの内面と向き合う必要がある。ひきこもりが特別なことではなく、街角の「日常風景の一つ」になった時に初めて、誰もが生きやすい社会になる。

本書のベースとなった連載企画を加盟新聞社に配信する前は「ひきこもりは自己責任、甘えとネガティブに捉えられることが多く、読者がどこまで関心を示してくれるだろうか」と不安だった。

そんな折に、われわれの背中を押してくれたのは、河原仁志編集局長（当時）が社内の編集週報に「生きづらさの可視化」との見出しで書いた文章だった。

〈目に見えない生きづらさと、暮らしにくさを可視化していく。それは閉ざされた空間にいる人々を孤立した苦しみから解放するということだろう。この種の仕事は派手なスクープとは異なるが、世の中をすみやすくするという意味でジャーナリズムの王道であるはずだ〉

編集トップのこの一言によって、「よし、やろう」と決心することができた。連載中はさまざまな苦労があったが、手帳に張った週報の縮小コピーを見返して、自らを鼓舞した。連載を1年間続けることができたのは、若い記者たちの頑張りとともに、こうした精神的支柱があったからだ。

また古口健二生活報道部長（当時、現在は論説委員）は、最後まで取材班の仕事を見守り、後押ししてくれた。この場を借りて御礼を伝えたい。

かもがわ出版の伊藤知代さんには、ひきこもりの問題に共感していただき、つたない文章を根気強く直していただいた。

最後に、取材に応じてくださったひきこもりの当事者、ご家族、支援者、行政関係者の方々のお力がなければ、本書は世に出ることはなかった。あらためて深く感謝したい。

２０１９年12月

共同通信生活報道部次長　永澤陽生

〈資料〉「ひきこもり地域支援センター」の設置状況リスト

2019（平成31）年4月1日現在

	自治体	名称	住所	電話番号
1	北海道	北海道ひきこもり成年相談センター	札幌市白石区平和通17丁目北1-13	011-863-8733
2	青森県	青森県ひきこもり地域支援センター（本部）	青森市三内字沢部353-92 青森県立精神保健福祉センター内	017-787-3953
3		青森県ひきこもり地域支援センター（サテライト）	青森市中央3丁目20-30 県民福祉プラザ3F	017-735-8066
4	岩手県	岩手県ひきこもり支援センター	盛岡市本町通3丁目19-1岩手県福祉総合相談センター4F	019-629-9617
5	宮城県	宮城県ひきこもり地域支援センター	大崎市古川旭5丁目7-20　宮城県精神保健福祉センター内	0229-23-0024
6		宮城県ひきこもり地域支援センター　南支所	仙台市太白区八本松1丁目10-18 八本松セントラルハウス202号	022-393-5226
7	秋田県	秋田県ひきこもり相談支援センター	秋田市中通2丁目1-51 秋田県精神保健福祉センター内	018-831-2525
8	山形県	ひきこもり相談支援窓口 「自立支援センター巣立ち」	山形市小白川町2丁目3-30 山形県精神保健福祉センター2F	023-631-7141
9	福島県	福島県ひきこもり支援センター	福島市黒岩田部屋53-5　福島県青少年会館1F	024-546-0006
10		福島県ひきこもり支援センター　サテライト	郡山市島2丁目49-13　ヤマサビル101	—
11	茨城県	茨城県ひきこもり相談支援センター	筑西市西方1790-29	0296-48-6631
12	栃木県	栃木県子ども若者・ひきこもり総合相談センター 「ポラリス☆とちぎ」	宇都宮市下戸祭2丁目3-3	028-643-3422
13	群馬県	ひきこもり支援センター	前橋市野中町368　群馬県こころの健康センター内	027-287-1121
14	埼玉県	埼玉県ひきこもり相談サポートセンター	越谷市千間台東1丁目2-1　白石ビル2F	048-971-5613
15	千葉県	千葉県ひきこもり地域支援センター	千葉市中央区仁戸名町666-2 千葉県精神保健福祉センター内	043-209-2223
16	東京都	東京都ひきこもりサポートネット	新宿区西新宿2丁目8-1	03-5320-4039
17	神奈川県	かながわ子ども・若者総合相談センター （ひきこもり地域支援センター）	横浜市西区紅葉ヶ丘9-1　神奈川県立青少年センター内	045-242-8201
18	新潟県	新潟県ひきこもり地域支援センター	新潟市中央区上所2-2-3　新潟県精神保健福祉センター内	025-280-0111
19	富山県	富山県ひきこもり地域支援センター	富山市蜷川459-1　富山県心の健康センター内	076-428-0616
20	石川県	石川県こころの健康センター （ひきこもり地域支援センター）	金沢市鞍月東2丁目6番地	076-238-5750
21	福井県	福井県ひきこもり地域支援センター	福井市光陽2丁目3-36　福井県総合福祉相談所内	0776-26-4400
22	山梨県	山梨県ひきこもり地域支援センター・ ひきこもり相談窓口	甲府市北新1丁目2−12　山梨県福祉プラザ内	055-254-7231
23	長野県	長野県ひきこもり支援センター	長野市若里7丁目1-7　長野県精神保健福祉センター内	026-227-1810
24	岐阜県	岐阜県ひきこもり地域支援センター	岐阜市鷺山向井2563-18 岐阜県障がい者総合相談センター内	058-231-9724
25	静岡県	静岡県ひきこもり支援センター	静岡市駿河区有明町2-20　静岡県精神保健福祉センター内	054-286-9219
26	愛知県	あいちひきこもり地域支援センター	名古屋市中区三の丸3丁目2-1　東大手庁舎 愛知県精神保健福祉センター内	052-962-3088
27	三重県	三重県ひきこもり地域支援センター	津市桜橋3丁目446-34　三重県こころの健康センター内	059-223-5243
28	滋賀県	滋賀県ひきこもり支援センター	草津市笠山8丁目4-25　滋賀県立精神保健福祉センター内	077-567-5058
29	京都府	脱ひきこもり支援センター	京都市東山区清水4丁目185-1 京都府家庭支援総合センター内	075-531-5255
30	大阪府	大阪府ひきこもり地域支援センター	大阪市住吉区万代東3丁目1-46 大阪府こころの健康総合センター内	06-6697-2890
31	兵庫県	兵庫ひきこもり相談支援センター	神戸市西区神出町小東野30　県立神出学園内　他 地域ブランチ（5カ所）	078-977-7555
32	奈良県	奈良県ひきこもり相談窓口	奈良市登大路町30番地　奈良県庁1F 青少年・社会活動推進課内	0742-27-8130
33	和歌山県	和歌山県ひきこもり地域支援センター	和歌山市手平2丁目1-2　県民交流プラザ和歌山ビッグ愛2F 和歌山県精神保健福祉センター内	073-435-5194
34	鳥取県	とっとりひきこもり生活支援センター	鳥取市相生町二丁目405	0857-20-0222
35	島根県	島根県ひきこもり支援センター	松江市東津田町1741番地3　いきいきプラザ島根2F 県立心と体の相談センター内	0852-21-2045
36	岡山県	岡山県ひきこもり地域支援センター	岡山市北区厚生町3丁目3-1　メンタルセンター岡山 （岡山県精神保健福祉センター）内	086-224-3188
37	広島県・広島市	広島ひきこもり相談支援センター （中部・北部センター）	広島市安芸区中野東4丁目5-25	082-893-5242
38		広島ひきこもり相談支援センター（西部センター）	広島市西区楠木町1丁目8-11	082-942-3161
39		広島ひきこもり相談支援センター（東部センター）	三原市小泉町4245	0848-66-0367

	自治体	名称	住所	電話番号
40	山口県	ひきこもり地域支援センター	山口市吉敷下東四丁目17番1号　山口県福祉総合相談支援センター内	083-901-1556
41	徳島県	徳島県ひきこもり地域支援センター「きのぼり」	徳島市新蔵町3丁目80　徳島県精神保健福祉センター内	088-602-8911
42	香川県	香川県ひきこもり地域支援センター「アンダンテ」	高松市松島町1丁目17-28　香川県高松合同庁舎4F 香川県精神保健福祉センター内	087-804-5115
43	愛媛県	愛媛県心と体の健康センター ひきこもり相談室	松山市本町7-2　愛媛県総合保健福祉センター内	089-911-3883
44	高知県	高知県ひきこもり地域支援センター	高知市丸ノ内1丁目7-36　高知興林会館4F 高知県精神保健福祉センター内	088-821-4508
45	福岡県	福岡県ひきこもり地域支援センター	春日市原町3丁目1-7　南側2F 福岡県精神保健福祉センター内	092-582-7530
46	佐賀県	さがすみらい（佐賀県ひきこもり地域支援センター）	佐賀市白山2丁目2-7　KITAJIMAビル1F	0954-27-7270
47		さがすみらい（佐賀県ひきこもり地域支援センター）出張相談所	武雄市武雄町昭和40-1	0954-27-7270
48	長崎県	長崎県ひきこもり地域支援センター	長崎市橋口町10-22 長崎こども・女性・障害者支援センター内	095-846-5115
49	熊本県	熊本県ひきこもり地域支援センター「ゆるここ」	熊本市東区月出3丁目1-120 熊本県精神保健福祉センター内	096-386-1177
50	大分県	青少年自立支援センター（おおいた ひきこもり地域支援センター）	大分市中央町1丁目2-3　KNTビル	097-534-4650
51	宮崎県	宮崎県ひきこもり地域支援センター	宮崎市霧島1丁目1-2　宮崎県総合保健センター4F 宮崎県精神保健福祉センター内	0985-27-8133
52	鹿児島県	ひきこもり地域支援センター	鹿児島市鴨池新町1-8　鹿児島県青少年会館2F	099-257-8230
53	沖縄県	沖縄県ひきこもり専門支援センター	南風原町字宮平212-3 沖縄県立総合精神保健福祉センター内	098-888-1455
54	札幌市	札幌市ひきこもり地域支援センター	札幌市白石区平和通17丁目北1-13 こころのリカバリー総合支援センター内	011-863-8733
55	仙台市	仙台市ひきこもり地域支援センター「ほわっと・わたげ」	仙台市若林区遠見塚1丁目18-48	022-285-3581
56	さいたま市	さいたま市ひきこもり相談センター	さいたま市中央区本町東4丁目4-3 さいたま市こころの健康センター内	048-762-8534
57	千葉市	千葉市ひきこもり地域支援センター	千葉市美浜区高浜2丁目1-16 千葉市こころの健康センター内	043-204-1606
58	横浜市	横浜市青少年相談センター（ひきこもり地域支援センター）	横浜市南区浦舟町3丁目44-2　4F	045-260-6615
59	川崎市	川崎市精神保健福祉センター（ひきこもり・思春期相談）	川崎市川崎区東田町8　パレール三井ビル12F	044-200-3246
60	相模原市	相模原市ひきこもり支援ステーション	相模原市中央区富士見6-1-1 ウェルネスさがみはら7F	042-769-6632
61	新潟市	新潟市ひきこもり相談支援センター	新潟市中央区東万代町9-1 万代市民会館5F	025-278-8585
62	静岡市	静岡市ひきこもり地域支援センター「Dan Dan しずおか」	静岡市駿河区南八幡町3-1 市立南部図書館2F	054-260-7755
63	浜松市	浜松市ひきこもり地域支援センター	浜松市中区中央1丁目12-1　県浜松総合庁舎4F	053-457-2709
64	名古屋市	名古屋市ひきこもり地域支援センター	名古屋市中村区名楽町4丁目7-18	052-483-2077
65	京都市	京都市ひきこもり地域支援センター	京都市中京区東洞院通六角下ル御射山町262 子ども・若者支援室内	075-708-5425
66		京都市ひきこもり地域支援センター	京都市中京区壬生仙念町30 京都市こころの健康増進センター内	075-314-0874
67	大阪市	大阪市こころの健康センター（ひきこもり地域支援センター）	大阪市都島区中野町5丁目15-21　都島センタービル3F	06-6922-8520
68	堺市	堺市ひきこもり地域支援センター「堺市ユースサポートセンター」	堺市北区百舌鳥赤畑1丁3番1　堺市三国ヶ丘庁舎5階	072-248-2518
69		堺市ひきこもり地域支援センター（成人期）	堺市堺区旭ヶ丘中町4丁目3-1 堺市立健康福祉プラザ3F 堺市こころの健康センター内	072-245-9192
70	神戸市	神戸市ひきこもり地域支援センター「ラポール」	神戸市兵庫区羽坂通4丁目2-22	078-945-8079
71	岡山市	岡山市ひきこもり地域支援センター	岡山市北区鹿田町1丁目1-1	086-803-1326
72	北九州市	北九州市ひきこもり地域支援センター「すてっぷ」	北九州市戸畑区汐井町1-6　ウェルとばた2F	093-873-3130
73	福岡市	福岡市ひきこもり支援センター「ワンド」	福岡市東区松香台2丁目3-1 九州産業大学大学院付属　臨床心理センター内	092-673-5804
74		福岡市ひきこもり成年地域支援センター「よかよかルーム」	福岡市中央区舞鶴2丁目5-1　あいれふ3F	092-716-3344
75	熊本市	熊本市ひきこもり支援センター「りんく」	熊本市中央区大江5丁目1-1　ウェルパルくまもと3F	096-366-2220

出典／厚生労働省ホームページ

※上記は、国の「ひきこもり対策推進事業」による補助を受けて設置されているセンターを中心にまとめており、自治体によっては上記以外にひきこもりの方々に対応するための相談窓口を設置している場合がある。

〈資料〉KHJ 全国ひきこもり家族会連合会 全国の支部一覧（38都道府県53支部）

月例会に参加して気持ちを楽にしたり情報交換しませんか

☆家族会(月例会) 問い合わせ先：【本部事務局】

〒170-0002 東京都豊島区巣鴨3-16-12-301 ☎ 03-5944-5250 FAX 03-5944-5290 E-mail:info@khj-h.com

北海道・東北ブロック	
KHJ 北海道「はまなす」(北郷 恵美子) 〒064-0824 北海道札幌市中央区北四条西 26-3-2 ☎&Fax 011-631-0981（田中敦）☎090-3890-7048（田中敦）	KHJ 秋田ばっけの会(菅原 学) 〒010-0023 秋田県秋田市楢山本町10-19 妹尾弘方 ☎ 090-9539-2365
KHJ 青森県「さくらの会」(下山 洋雄) 〒030-0844 青森県青森市桂木 3-25-10 ☎ 090-8613-5561 Fax 017-723-1754	NPO法人から・ころセンター(伊藤 正俊) 〒992-0026 山形県米沢市東 2-8-116 ☎ &Fax 0238-21-6436
KHJ いわて石わりの会(佐々木 善仁) 〒029-2208 岩手県陸前高田市広田町字前花貝80-21 ☎ 080-1830-9046 Fax 03-5944-5290（KHJ 本部事務局）	認定NPO法人山形県「発達支援研究センター」(髙橋 信子) 〒990-0035 山形県山形市小荷駄町2-7 SUNまち ☎ 023-623-6622 Fax 023-622-7003
KHJ 石巻まきっこの会(高橋 優麿) 〒987-0511 宮城県登米市迫町佐沼字江合1-3-2 ☎ 080-6022-4478	KHJ 福島県花ももの会(千葉 桂子) 〒960-8066 福島県福島市矢剣町22-5 NPO法人ビーンズふくしま内 ☎ 024-563-6255 Fax 024-563-6233

関東ブロック	
KHJ 鹿行地区家族会(小林 幸弘) 〒311-2116 茨城県鉾田市札822-34 ☎ 080-3277-2002 Fax 0291-39-7008	グループコスモス(田中 好和) 〒143-0012 東京都大田区大森東3-5-9 ☎ 03-3298-8324
KHJ 茨城県ひばりの会(荒井 俊) 〒271-0063 千葉県松戸市北松戸1-1-14 ユーカリハイツ 704号室 ☎ 047-364-7332 Fax 047-362-4065	NPO法人楽の会リーラ(市川 乙允) 〒170-0002 東京都豊島区巣鴨3-16-12 第二塚本ビル202 ☎ &Fax 03-5944-5730
NPO法人KHJ とちぎ「ベリー会」(齋藤 三枝子) 〒320-0032 栃木県宇都宮市昭和2-3-5 ☎ &Fax 028-627-6200	KHJ 町田家族会(上野 亨二) 〒195-0063 東京都町田市野津田町3577-3 ☎ & Fax 042-810-3553
KHJ 群馬県はるかぜの会(榎本 明) 〒370-0126 群馬県伊勢崎市境下武士2551-1 ☎ 080-9373-4760	KHJ 神奈川県「虹の会」(安田 賢二) 〒221-0835 神奈川県横浜市神奈川区鶴屋町2-24-2 12階 ボランティアセンター方 No. ② ☎ 080-2107-1171
NPO法人KHJ 埼玉けやきの会家族会(田口 ゆりえ) 〒331-0805 埼玉県さいたま市北区盆栽町190-3 ☎ &Fax 048-651-7353 ☎ 080-3176-6674	KHJ 横浜ばらの会(滝口 陽子) 〒236-0005 神奈川県横浜市金沢区並木3-7-1-708 ☎ 045-370-9195（携帯）080-6848-4642
NPO法人KHJ 千葉県なの花会(藤江 幹子) 〒260-0042 千葉県千葉市中央区椿森1-2-2-201 ☎ 070-2191-4888 Fax 043-294-7629	KHJ 山梨県桃の会(篠原 博子) 〒391-0213 長野県茅野市豊平泉200-101 ☎ &Fax 0266-55-5411 ☎ 090-6190-8677
KHJ 西東京「萌の会」(須賀 啓二) 〒121-0064 東京都足立区保木間2-8-13 萌の会方 Fax 03-3883-2358	KHJ 長野県らい鳥の会(唐澤 秀明) 〒396-0026 長野県伊那市西町6022-3 城南町市営住宅C210 ☎ 080-3433-4904

北陸ブロック	
KHJ 長岡フェニックスの会(大矢 哲裕) 〒940-0082 新潟県長岡市千歳1-3-42 ながおか心のクリニック内 ☎ 0258-38-5001 Fax 0258-38-5002	とやま大地の会(島田 朋子) 〒939-8044 富山県富山市太田南町179-8 ☎ 080-3746-2204
NPO法人KHJ にいがた「秋桜の会」(三膳 克弥) 〒950-0167 新潟県新潟市江南区五月町1-2-9 ☎ 090-8873-4453 ☎ &Fax 025-382-6912	KHJ 北陸会(所田 澄子) 〒920-0813 石川県金沢市御所町丑57 ☎ &Fax 076-252-4856
KHJ はぁとぴあ家族会(高和 洋子) 〒933-0341 富山県射水市三ヶ伊勢領2467-2F 支援センターフレンズ ☎ 090-2035-3116 ☎ &Fax 0766-86-3891	KHJ 石川県南加賀支部「いまここ親の会」(林 昌則) 〒922-0117 石川県加賀市山中温泉上野町リ98-2 ☎ 070-5633-2667

東海ブロック

KHJ 岐阜県「岐阜オレンジの会」（水谷 理恵） 〒453-0015 愛知県名古屋市中村区椿町19-7 チサンマンション椿町304 ☎ &Fax 052-459-5116	**KHJ 東海NPO法人なでしこの会**（田中 義和） 〒467-0825 愛知県名古屋市瑞穂区柳ヶ枝1-22-7 ☎ &Fax 052-882-1119
KHJ 静岡県「いっぷく会」（中村 彰男） 〒420-0071 静岡県静岡市葵区一番町50番地 静岡市番町市民活動センター内 ☎ &Fax 054-245-0766 ☎ 090-3952-5810	**RITAの会**（伊藤 正代） 〒453-0015 愛知県名古屋市中村区椿町19-7 チサンマンション椿町304（オレンジの会内） ☎ &Fax 052-459-5116
NPO法人てくてく（山本 洋見） 〒432-8054 静岡県浜松市南区田尻町208-2 ☎ 053-442-6365（携帯）090-1416-6224	**KHJ 三重県「みえオレンジの会」**（堀部 尚之） 〒513-0801 三重県鈴鹿市神戸6-6-28 ☎ 090-6469-5783
豊田・大地の会（酒井 良尚） 〒470-1211 愛知県豊田市畝部東町上梅ノ木12 ☎ 090-8074-4442	

近畿ブロック

NPO法人大阪虹の会（前川 実） 〒592-0011 大阪府高石市加茂1-13-26 ☎ &Fax 072-265-2021	**兵庫県宍粟支部ひまわりの家家族会**（松本 むつみ） 〒671-2552 兵庫県宍粟市山崎町段194-1 ☎ 0790-65-9205
NPO法人KHJ 「つばさの会大阪」（大塚 洋） 〒573-0027 大阪府枚方市大垣内町1-3-1 マインドビル4F ☎ 090-4308-4259 ☎ 072-844-2423	**KHJ 奈良県わかくさの会**（須知 晴美） 〒610-0361 京都府京田辺市河原東久保田3-12-405 ☎ 090-2040-3339
KHJ 情報センターふきのとう姫路（櫛橋 行雄） 〒670-0896 兵庫県姫路市上大野1-11-6 ☎ &Fax 079-224-5259 ☎ 090-8378-8032	

中国ブロック

NPO法人KHJ 岡山きびの会（馬場 貴裕） 〒700-0822 岡山県岡山市北区表町1丁目4-64 上之町ビル4F Fax 086-273-4681	**KHJ 福山「ばらの会」**（中村 友紀） 〒720-0031 広島県福山市西町1-1-1 リム・ふくやま9階 ☎ 090-4655-3358
KHJ 広島もみじの会（藤岡 清人） 〒733-0002 広島県広島市西区楠木町1-8-11 （NPO法人CROSS 内） ☎ 082-942-3160 Fax 082-942-3162	**KHJ 山口県「きらら会」**（上田 十太） 〒759-4102 山口県長門市西深川2850-3 ☎ &Fax 0837-22-5495

四国ブロック

KHJ 徳島県つばめの会（高橋 浩爾） 〒770-0847 徳島県徳島市幸町3-33 徳島インマヌエル教会内 ☎ 090-1325-2740 ☎ &Fax 0883-24-0507	**KHJ 愛媛県こまどりの会**（太田 幸伸） 〒790-0045 愛媛県松山市余戸中4-5-43-A102 ☎ 080-3167-2063
KHJ 香川県オリーブの会（松本 一幸） 〒760-0043 香川県高松市今新町4-20 ☎ 087-802-2568	**KHJ 高知県親の会「やいろ鳥」の会**（坂本 勲） 〒781-8131 高知県高知市一宮しなね1-14-10-1 ☎ 090-3184-8109 Fax 088-862-0740

九州・沖縄ブロック

KHJ 福岡県「楠の会」（吉村 文恵） 〒810-0016 福岡県福岡市中央区平和3-13-6-104 亀田洋方 ☎ 080-6475-3216	**KHJ みやざき「楠の会」**（植田 美紀子） 〒880-0944 宮崎県宮崎市江南4-9-9 植田方 ☎ 090-9603-8780 ☎ &Fax 0985-53-2666
NPO法人熊本ブランチ（武井 敬蔵） 〒860-0072 熊本県熊本市花園7-2435-12 ☎ 096-322-3548 Fax 096-322-3787	**KHJ 沖縄「てぃんさぐぬ花の会」**（國吉 大介） 〒900-0004 沖縄県那覇市銘苅2-3-1 なは市民活動支援センター内 ☎ 070-5277-2036
おおいたステップの会（松本 太郎） 〒879-5102 大分県由布市湯布院町川上3604-14 ☎ 090-1163-8582 ☎ &Fax 0977-84-4310	

〈資料〉お役立ちサイト

▽当事者会、居場所など

【ひきプラ（ひきこもりプラットフォーム）】

ひきこもりの当事者・経験者が集まる当事者会の情報（リンク先）をまとめて掲載。開催場所（都道府県）や開催期間、オンライン／オフラインの別などで検索でき、自分に合った居場所を探すことができる。ひきこもりに理解のあるボランティア情報も掲載。

URL：https://hikipla.com

【ひきこもりフューチャーセッション　庵―IORI―】

「ひきこもりが問題にならない社会」をテーマにした未来志向型の対話イベント。東京23区を中心に偶数月（2、4、6、8、10、12月）の第1日曜日に開かれ、ひきこもりの本人、家族、支援者、ひきこもりに関心のある人など、毎回100人以上が参加する。人と人がつながったり、アイデアを出し合ったり、話したくなければ人の話を聞くだけでもOK。話したいテーマがない人のためのフリーコーナーやくつろぎのテーブルもある。

URL：https://iorihiki.wordpress.com

【一般社団法人ひきこもりUX会議】

ひきこもりの経験者らが2014年に結成。UXはunique experienceの略で、「一人一人の固有の体験が誰かを救い、この社会を良くしていく」というコンセプトのもと、当事者の実態調査、居場所作りのワークショップなど、多彩な活動をしている。16年からは「ひきこもりUX女子会」を東京都内で毎月開き、全国キャラバンも実施。これまでに3000人以上が参加した。

URL：https://uxkaigi.jp

▽当事者メディア

【ひきこもり新聞】

暴力的支援業者を特集したテレビ番組の放映をきっかけに、「今まで社会に届くことのなかったひきこもり自身の声を伝える」ために、2016年11月に創刊した。紙媒体の他にPDF版、WEB版もある。

URL：http://www.hikikomori-news.com

【HIKIPOS（ひきポス）】

ひきこもり当事者、経験者の声を発信する情報発信メディア。さまざまな生きづらさの問題を当事者目線で取り上げる。冊子の他にPDF版、WEB版もある。

URL：https://www.hikipos.info

共同通信ひきこもり取材班

水内友靖（みずうち・ともやす）
第1・4・6章担当
1983年生まれ　2007年入社
仙台編集部、鹿児島支局、長野支局を経て現在、本社生活報道部記者

土井裕美子（どい・ゆみこ）
第2章担当
1975年生まれ　1999年入社
秋田支局、仙台編集部、本社社会部などを経て現在、本社生活報道部デスク

前山千尋（まえやま・ちひろ）
第3・5・7章担当
1980年生まれ　2007年入社
青森支局、京都支局、本社生活報道部などを経て現在、本社文化部記者

原 菜月（はら・なつき）
第5章担当
1992年生まれ　2015年入社
宇都宮支局、札幌編集部を経て現在、本社生活報道部記者

山本大樹（やまもと・だいき）
第7章担当
1985年生まれ　2008年入社
富山支局、大阪社会部、盛岡支局、本社生活報道部を経て現在、大阪社会部記者

永澤陽生（ながさわ・はるお）
デスク担当（第1・2・4・6・7章も担当）
1968年生まれ　1992年入社
鳥取支局、静岡支局、札幌編集部、本社社会部などを経て現在、本社生活報道部デスク

扉を開けて ひきこもり、その声が聞こえますか

2019年12月20日　初版第1刷発行

著　者　共同通信ひきこもり取材班
発行者　竹村正治
発行所　株式会社かもがわ出版
〒602-8119　京都市上京区堀川通出水西入
TEL 075-432-2868　FAX 075-432-2869
印刷所　シナノ書籍印刷株式会社

ISBN 978-4-7803-1062-7 C0036